江苏省高校品牌专业建设工程一期项目成果
国家社科基金重大项目“西方‘马克思学’形成和发展、意识形态本质及其当代走向研究”（13&ZD070）

/哲学通识读本/主编 唐正东 张亮

哲学和社会科学的联盟

张亮 冯潇 著

南京大学出版社

图书在版编目(CIP)数据

哲学和社会科学的联盟 / 张亮，冯潇著. -- 南京 ：南京大学出版社，2019.8

(哲学通识读本)

ISBN 978-7-305-22448-5

Ⅰ. ①哲… Ⅱ. ①张… ②冯… Ⅲ. ①马克思主义哲学—发展—研究—中国 Ⅳ. ①B27

中国版本图书馆 CIP 数据核字(2019)第 150971 号

出版发行 南京大学出版社
社　　址 南京市汉口路 22 号　　　邮　编 210093
出 版 人 金鑫荣

丛 书 名 哲学通识读本
书　　名 哲学和社会科学的联盟
著　　者 张　亮　冯　潇
责任编辑 蒋桂琴　　　编辑热线 025-83592655

照　　排 南京南琳图文制作有限公司
印　　刷 常州市武进第三印刷有限公司
开　　本 635×965　1/16　印张 10.25　字数 163 千
版　　次 2019 年 8 月第 1 版　2019 年 8 月第 1 次印刷
ISBN 978-7-305-22448-5
定　　价 35.00 元

网址：http://www.njupco.com
官方微博：http://weibo.com/njupco
微信服务号：njuyuexue
销售咨询热线：025-83594756

发挥哲学在通识教育中的作用，办好中国特色的世界一流大学

（代序）

张一兵

“办好中国的世界一流大学，必须有中国特色。我们要认真吸收世界上先进的办学治学经验，更要遵循教育规律，扎根中国大地办大学。”这是习近平总书记对于中国高等教育事业所提出的殷切希望，也指明了中国大学的未来发展方向。中国大学的沉浮，映射了近代以来的国运兴衰。从在民族救亡中发轫和竞争对话中摸索，到专业化的大发展和素质教育的改革，再到面向世界一流大学的探索，中国现代高等教育已经走过了两个甲子的不凡之路。今天，办好中国通识教育的理念已经深入人心。通识教育以培养具备远大眼光、通融见识、博雅精神和优美情感的完整的人为目标。作为“爱智”之学，哲学本身就与通识教育的精神内在相通，并且在通识教育的发展中发挥着核心和基础的作用。它在培育学生的理性批判思维，引导当代大学生正确认识自己、认识社会以及人与社会的关系，形成理性地驾驭自我和从容处世的能力，进而成长为“扎根中国、胸怀世界、勇于创新”的现代人的过程中，具有不可替代的重要作用。

2009 年以来，为适应国家和社会发展需要，创新人才培养模式，南京大学全面推行了“三三制”本科教学改革。经过五年多的努力，以这一改革为龙头的南京大学通识教育建设已取得了显著成效，在国内和国际高等教育界产生了重大反响。借助于改革所搭建的制度平台、开辟的实践空间，南京大学哲学系严格贯彻“三三制”本科教学改革的理念，坚持走以质量提升为核心的内涵式发展道路，结合自身学科特色和优势，从顶层设计出发，紧紧围绕“认识世界，咨政育人”这一根本宗旨，以“主流价值观的

引导、传统文化的传承和创新思维的培养”为核心导向，精心打造了包括高水平通识课、高年级研讨课、新生研讨课和文化素质课在内的四级哲学类通识课程体系，为积极发挥哲学通识教育在咨政育人、创新人才培养和思想政治教育方面的功能做出了有益探索。

2015 年 1 月，中共中央办公厅和国务院办公厅印发的《关于进一步加强和改进新形势下高校宣传思想工作的意见》强调指出：“要充分发挥高校哲学社会科学育人功能，深化哲学社会科学教育教学改革，充分挖掘哲学社会科学课程的思想政治教育资源。”为贯彻落实这一文件精神，南京大学哲学系和南京大学教务处、南京大学出版社展开通力合作，在借鉴国外一流大学成功经验的基础上，推出了这套与课程体系相匹配的哲学通识教材，全面普及哲学知识，启迪智慧，系统强化哲学的育人功能。

据我所知，这是国内高校自主编写的第一套比较全面、系统的哲学类通识教材。我衷心地希望，这套教材的出版能够为进一步深化南京大学“三三制”教学改革，积极提升南京大学人才培养质量，建构具有南京大学特色的通识教育模式和教材体系提供有益探索。

目 录

导　论

理论创新已成为摆在当代中国哲学社会科学工作者面前的一项历史使命。但具体到创新之路如何走才能更符合时代的要求和人民的期许这一问题，至今仍鲜有成功案例。若我们能找到一个理论创新的典型，并加以“解剖麻雀”式的深入分析，或许会对破解当前的创新困局有诸多启发。我们发现，马克思无疑是一个极佳选择。一方面，他发现了“人类历史的发展规律”以及“现代资本主义生产方式和它所产生的资产阶级社会的特殊的运动规律”①，使我们对整个人类历史特别是现代资本主义社会的科学理解成为可能。另一方面，在20世纪西方，许多理论家——既有马克思主义者也有非马克思主义者——以不同的方式“拜他为师”，借鉴马克思的方式进行理论创新，并在各自领域内取得巨大成功，事实上这深刻影响了当代西方理论的基本面貌。就此而言，追寻马克思的理论创新道路，解析当代西方理论家以马克思为“师”的各自方式，对我们探索符合中国国情的理论创新道路大有裨益。

一、马克思的理论创新道路与资本主义生产方式批判

历史已经证明，马克思最伟大的理论创新就在于发现资本主义生产方式并科学揭示了它的运动规律及历史命运。基于对资本主义认识史的严肃反思，现代西方主流学术界承认：“对于任何试图理解18世纪以来横扫整个世界的大规模变迁的人来说，马克思有关资本主义生产方式的分析仍然是一个必要的核心。”②那么，马克思是如何发现资本主义生产方式这个“难以察觉的实体”，进而科学地揭示了它的运动规律及历史命运的呢？这大致可以归纳为以下几点。

首先，马克思直面现实，发现了无产阶级的历史解放这个“时代的迫

① 《马克思恩格斯选集》第三卷，人民出版社，1995年，第776页。

② 吉登斯：《历史唯物主义的当代批判》，郭忠华译，上海译文出版社，2010年，第1页。

切问题”。[1] 理论的生命力在于创新，理论创新则要从问题开始。彼时的马克思正处于人类社会新旧更替、历史时代及社会形态转折的时期，他基于现实清算了自己原有的哲学思想和政治理想[2]，站在人类历史发展的高度，哲学地提出并论证了无产阶级的历史解放是“时代的迫切问题”。尽管马克思当时的哲学论证在严格意义上尚不属于马克思主义的，但他通过提出问题，推动了同时代人对这个问题的理解和解答，从而对当时正在展开的现代世界历史进程发挥了微妙的然而又实实在在的影响。

其次，马克思发动哲学革命，确立了科学地批判地认识社会历史的方法指南，使生产方式这种“难以察觉的实体”及其归根到底的决定作用清晰地呈现了出来。生产方式是一种客观的社会存在，无论是否被意识到，它都在持续地发挥着自己的决定作用。1844 年初至 1845 年春，马克思对政治经济学进行了第一次系统的学习、研究和批判[3]，对这一学科的理解由此发生了根本性改变，并在此基础上发动了哲学革命，创立了历史唯物主义。我们说历史唯物主义的创立是哥白尼式革命，就是在于它让人们得以观察并认识到生产方式这种“难以察觉的实体”及其归根到底的决定作用。

最后，马克思开辟了“哲学和社会科学的联盟”创新道路，在历史唯物主义的指导下进行政治经济学批判，令人信服地揭示了资本主义生产方式的运动规律及历史命运。历史唯物主义创立之后，马克思意识到，只有以政治经济学的方式超越古典政治经济学，共产主义的“根本”才能确立起来。所以，19 世纪五六十年代，马克思致力于在历史唯物主义的指导下进行政治经济学研究，走出了政治经济学批判这一条创新道路，最终超越大卫·李嘉图这一古典政治经济学“不可逾越的界限”[4]，创作出《资本论》第一卷，以“官方的经济学家甚至不敢去试图驳倒”的方式[5]，证明西方社会已经进入资本主义社会这个全新的社会形态，同时第一次科学地

---

① 《马克思恩格斯全集》第一卷，人民出版社，1995 年，第 203 页。

② 参见《马克思恩格斯选集》第二卷，人民出版社，1995 年，第 31—32 页。

③ 参见张一兵：《回到马克思——经济学语境中的哲学话语》，江苏人民出版社，1999 年，第一至第四章。

④ 《马克思恩格斯全集》第四十四卷，人民出版社，2001 年，第 16 页。

⑤ 《马克思恩格斯选集》第二卷，第 596 页。

揭示了现代资本主义社会制度的本质及其历史发展趋势，使共产主义真正成为一门科学。

二、法兰克福学派对马克思理论创新道路的当代继承

法兰克福学派是西方马克思主义研究中最为重要的学术阵地。这一学派不拘泥于对资本主义社会以及对马克思主义理论的旧有理解，重新强调了马克思“哲学和社会科学的联盟”这一重要的理论创新方式，在坚持马克思主义理论的同时对其做出了与时俱进的发展创新，由此对当代资本主义社会的实质进行了更为深刻有力的剖析和批判。

提及法兰克福学派，人们往往更多地想到阿多诺、马尔库塞、本雅明等学者，他们的思想犹如夜空中的明星，璀璨炫目。但随着对学派研究的不断推进，我们逐渐更加认同哈贝马斯的判断，即在 20 世纪 30 年代批判理论形成和发展的最初阶段，法兰克福学派真正的主心骨其实是霍克海默。①作为学派的掌门人，霍克海默最重要的贡献就在于重申历史唯物主义的方法论本质，主张哲学和社会科学的联盟，从而为批判理论的建构，即在新的历史条件下坚持和发展马克思主义，指出了一条被历史证明是行之有效的发展道路。

在霍克海默的“所长独裁”领导下，整个 20 世纪三四十年代，法兰克福学派充分实践“哲学和社会科学的联盟”，运用、吸收许多同时代社会科学的新方法、新理论对一系列重大现实问题和理论问题进行了跨学科的经验性研究，产出了一大批极有影响的理论成果。虽然在许多研究者眼中，那时候的法兰克福学派最重视的似乎是精神分析、现代社会学等新兴学科，因为学派当时的成果极为鲜明地留下了这类印记，但实际上，学派真正视为基础和根本的始终都是政治经济学。按照霍克海默的就职演讲，真正需要解决的问题其实是“特定国家特定时代的特定社会集团的经济角色、该集团成员的心理结构转型与作为一个整体而影响集团成果并

① Jürgen Habermas, “Remarks on the Development of Horkheimer's Work”, in Seyla Benhabib, Wolfgang Bonss & John McCole (ed.), *On Max Horkheimer: New Perspectives*, The MIT Press, 1993, p. 49.

由集团成员所创造的观念和体制之间的关联”。[①] 政治经济学在这个问题的解决过程中的基础作用由此得到彰显。而在1937年《传统理论与批判理论》的“跋”中，霍克海默更是清楚地指出，所谓批判理论“是以马克思的政治经济学批判为基础”的。[②] 建基于国家资本主义理论，以“哲学和社会科学的联盟”作为理论创新道路，学派将纳粹问题、大众文化问题等作为集体项目展开了广泛研究，其研究目的就在于为批判资本主义服务。

三、“英国马克思主义”与马克思创新道路的殊途同归

近年来，不断变化的意识形态格局和学术格局对历史唯物主义提出了更高的要求和挑战，要求历史唯物主义能够在与其他人文社会科学思潮的理论竞争中证明自己的科学性和当代价值，重新确立自己在人文社会科学研究中的领导地位。在20世纪马克思主义哲学发展史上，“英国马克思主义”在这个方面树立了最值得人们重视的榜样。绝大多数“英国马克思主义”思想家都是从事具体的人文社会科学研究的学者，但是，他们在历史唯物主义的指导下创作出了一大批具有世界性影响的学术著作，在对历史唯物主义做出实质性推进的同时极大地提升了历史唯物主义在西方学术界的理论声誉和影响力。

以“哲学和社会科学的联盟”为方式，以学术研究带动理论创新，是对“英国马克思主义”独特理论道路的一种总体描述。具体到不同的学科领域，其形式又有所区分。首先，在成熟的传统学科领域中，“英国马克思主义”知识分子准确认识到历史唯物主义的科学的批判的方法论本质，通过“哲学和社会科学的联盟”的方式，探索出了一条将马克思主义与具体的英国问题结合起来的本土化道路，开辟了新的学科研究范式，在令人信服的研究工作基础上实现了对马克思主义基本原理的传播、深化、丰富与完善。其次，在文化研究这种新兴交叉领域中，具有更大自由度的“英国马克思主义”者则尝试在“联盟”中实现对唯物主义的创新，在具体分析当代资本主义文化的生产与再生产过程中，不断选择性地吸收“西方马克思主

---

① Max Horkheimer, *Between Philosophy and Social Science: Selected Early Writings*, The MIT Press, 1993, p. 12.

② 霍克海默：《批判理论》，李小兵等译，重庆出版社，1989年，第230页。

义"以及其他激进思想的理论资源,先后创造出"文化主义"和"结构主义"两种基本范式,形成了相对系统的理论,从而使马克思主义成为这个全新学科领域的主要"立法者"。第三,即使是在哲学这种最理论化的学科中,"英国马克思主义"者也主要是以学术研究的形式,通过对马克思的著作和思想的精确分析与当代重构,使自己的理论认识得到呈现。

"英国马克思主义"摆脱了教条主义的桎梏,重申了历史唯物主义的方法论实质。这批学者坚持理论联系实际,突出本土意识,寻找到了"哲学和社会科学的联盟"的恰当方式,对历史唯物主义的发展做出了富有创新性的实质性贡献。

四、西方主流社会理论家对马克思创新道路的"不告而取"

事实上,在20世纪后半叶西方思想史上,许多具有重要影响力的非马克思主义思想家同样也受益于"哲学和社会科学的联盟"这一经由马克思开辟并被发扬光大的正确道路。虽然这些学者从来都不是马克思主义者,但是他们没有为狭隘的意识形态立场所困,而是对马克思的理论遗产给予了足够的重视,肯定马克思学说的伟大地位,以开放的态度汲取马克思主义的理论资源并服务于自己的理论探索。他们的理论成就充分证明了"哲学和社会科学的联盟"是适合于东西方社会的、具有普适性的发展道路。

以开放的姿态汲取各种有益思想资源,善于发现并提出真正的问题,通过跨学科研究实现理论创新,是这批思想家的共性。随着工业革命及自然科学的迅猛发展,古典科学观开始衰落,直接源于现代自然科学的学科分类体系观念开始在西方大学里以及社会中大行其道。第二次世界大战以后,欧美各个发达资本主义国家陆续进入高等教育大众化时代,学术研究的专业化程度得到显著提升,并在客观上强化了人们的学科观念,但这也导致了学科壁垒的形成及固化。面对日益复杂的社会有机体,专业化程度不断提高的社会科学研究越来越像盲人摸象,提供的大多是一些或许深刻但肯定片面的管窥之见。在这种格局中,理论创新愈发难以出现。以丹尼尔·贝尔、麦克卢汉、吉登斯、里夫金等为代表的一批学者不愿意被这种凝固化的学科壁垒束缚住手脚,他们呼吁应以更为开阔的理论视野来看待人文社科领域,对当代发达资本主义的新变化进行重新言说。

或许按照某种标准，这类学者的理论不能算作创新。如丹尼尔·贝尔的三大观念“意识形态的终结”“资本主义的文化矛盾”和“后工业社会”事实上都并非他“原创”，但绝不会有人因此否定他对于这些大观念的“发明权”。因为我们知道，理论创新的范畴绝不仅限于提出一个从前未有的概念或是发明出一个不曾听说的体系，理论的进步还需要有内涵的不断深化、范畴的不断扩展、方法的不断更新等等。正是通过这些学者的努力，那些原本相互隔绝在各个学科中的点滴发现才能以跨学科的方式被综合起来，进而得到系统整合，最终形成这些深刻改变了人们的认识的大观念。甚至可以说，在学科壁垒日益增强的今天，掌握了“哲学和社会科学的联盟”的研究方法，似乎就打通了思想家的任督二脉，使他们能更准确地发现理论问题，推动理论创新。

五、探寻符合中国国情的理论创新道路

中国社会主义建设所取得的伟大成就已经反复证明，创新马克思主义理论以指导中国实践发展，是一条行之有效的“哲学和社会科学相结合”的道路，能切实地解决我们在发展过程中遭遇的诸多问题。党的十八大以来，习近平总书记多方调研，紧密结合我国当前的社会发展状况，在进一步回答“什么是社会主义及怎样建设社会主义？”“建设什么样的党及怎样建设党？”“实现什么样的发展及怎样发展？”等基本问题的同时，创造性地回答了新的实践提出的一系列新的问题。在解释和回答这类问题的过程中，形成了具有联系性、贯通性的治国理政新理念、新思想、新战略，进一步丰富和发展了中国特色社会主义理论体系，为坚持和发展中国特色社会主义、实现“两个一百年”的奋斗目标与中华民族伟大复兴的中国梦提供了科学理论指导和行动指南。

应当说，中国式“哲学和社会科学的联盟”道路的确立已不仅是理论发展的必经之路，更是中国特色社会主义建设的必然选择。处于新的历史时期，面对变化了的意识形态格局和学术格局，我们需要更自觉地践行跨学科研究，推动历史唯物主义向前发展。只有在与社会科学的联盟中，历史唯物主义才能把握时代精神的变迁，从而为中国特色社会主义建设提供科学的行动指南。中国共产党早在建设初期就敏锐地发现，只有将

马克思历史唯物主义方法论与中国的具体建设实践相结合，才能切实地解决我们在发展过程中遭遇的诸多问题。在理论的创新发展过程中，我们必须牢固树立“四个意识”，打造具有“中国特色、中国气派、中国风格”的马克思主义理论体系；只有立足本土，才能找到真正具有时代性的本土问题，发掘必要的理论资源进行理论创新和方法创新，进而为理论本土化探索提供重要动力。

当前中国经济发展已经进入新常态，能否一如既往地抓好经济工作，推动社会整体向前发展，已成为摆在中国共产党面前的一项重大考验。新的时期，人民群众的需要呈现多样化、多层次、多方面的特点，这就要求我们的指导思想有新的思路、新的战略、新的举措。作为一位善思善学、善作善成的马克思主义者，习近平同志在长期领导实践中真正掌握了唯物辩证法的精髓，具有高超的辩证思维能力。他多次指出，我们党是高度重视理论建设和理论指导的党，强调理论必须同实践相统一。我们坚持和发展中国特色社会主义，必须高度重视理论的作用，增强理论自信和战略定力。在新的时代条件下，我们要进行伟大斗争、建设伟大工程、推进伟大事业、实现伟大梦想，就仍然需要保持和发扬马克思主义政党与时俱进的理论品格，勇于推进实践基础上的理论创新。习近平同志的这一发展理念，恰恰是“哲学和社会科学的联盟”思想在当代的活学活用。这为我们党在未来一段时期进一步推动理论创新、带动社会全面发展，奠定了坚实的基础。

第一章　法兰克福学派对"哲学和社会科学的联盟"的再发掘

在西方马克思主义研究当中，法兰克福学派对马克思主义理论创新所做的推进工作值得敬佩。作为20世纪影响最大的思想流派之一，法兰克福学派的理论成就归结为一点就是为批判地理解现代资本主义社会提供了一个新的、全面的理论参照系。它的这种理论创新影响极其深远，成为后来的理论家建构当代资本主义批判理论时都绕不过去的"纪念碑"。在1978年的一次访谈中，福柯曾高度评价法兰克福学派的理论意义，他非常感慨地说："如果能早些读到这些著作，我就能节约很多宝贵时间。想来，有些东西我就不会写了，有些错误我也就不会犯了。"①法兰克福学派的理论贡献在于，他们打破了传统教科书体系的禁锢，指出马克思主义理论的内核就在于其科学的方法论。他们认为，随着时代的发展，理论的内涵需要在科学的方法论的指引下做出相应的调整。在这一理论尝试下，马克思主义焕发出了新的生机，其批判资本主义的理论目标得到了继承和发扬，帮助学派对当时变化了的资本主义社会实质做出了科学而又深刻的剖析和批判。

具体来说，学派理论创新的成功之处就在于他们充分践行了"哲学和社会科学的联盟"，吸收、运用了许多同时代社会科学的新方法、新理论，对一系列重大现实问题和理论问题进行了跨学科的经验性研究，产出了一大批极富影响的理论成果。值得一提的是，当前国内学者们的研究兴趣仍更多地集中于学派的文化理论，并在此基础上深耕细作取得了较为丰硕的研究成果，但我们同样不能忽视，作为一个极具影响力的学派，其专长更在于集中社会研究所内的核心力量，针对资本主义社会中突出的现实问题，运用科学的研究方法进行跨学科的、集体性的研究，纳粹研究

---

① Michel Foucault, *Remarks on Marx: Conversations with Duccio Trombadori*, trans. James Goldstein & James Cascaito, Semiotext(e), 1991, p. 119.

及大众文化研究当属集体智慧的结晶。

第一节　理论创新道路的萌发

在学派理论的形成过程中，霍克海默是其坚强有力的“精神领袖”和“主心骨”。[①] 正是他继承并发展了马克思所开辟的理论创新道路，并在新的历史条件下，组织、领导学派成员沿着“哲学和社会科学的联盟”这一创新道路，对现代资本主义社会进行了成果丰硕的创造性探索。作为学派的领军人物，他的思想领导作用主要体现在“破旧”与“立新”两个方面：“破旧”是指他发挥自己的哲学史专长，对实证主义进行了系统批判；“立新”则既指他确立了“批判理论”新观念，也指他为了落实“哲学和社会科学的联盟”而实施的“独裁”领导。

一、霍克海默对学派的引领作用

法兰克福学派进入中国已有三十多年，是国内学界乃至知识界非常熟悉的当代西方思想流派，但霍尔海默的思想领导作用常常被人忽略。这主要有两个方面的原因：一方面，最先建构法兰克福学派历史的是 20 世纪六七十年代英语世界特别是北美的新左派学者，在他们的论述体系中，霍克海默的思想领导作用没有得到充分呈现，这种先入为主深刻影响了全球学界（包括中国）的历史认识；另一方面，国内学界一向缺乏翻译、研究霍克海默的浓厚兴趣，未能充分认识哈贝马斯等德国学者 20 世纪 80 年代研究成果的重要性，从而无法对霍克海默独特思想的领导作用形成正确认识。直到近几年国内对法兰克福学派理论研究日趋完善，霍克海默对于学派理论推进的重要作用才逐渐被认识到。

那么在英美新左派的法兰克福学派历史叙事中，霍克海默是何形象呢？这里以马丁·杰的《辩证的想象》为例进行分析。马丁·杰时为哈佛大学历史系研究生，为了写作关于法兰克福学派史的博士学位论文，他广泛访谈了霍克海默、阿多诺、波洛克、洛文塔尔等学派当时健在的几乎全部第一代成员，以及哈贝马斯等部分第二代成员，并得到波洛克和洛文塔

① Jürgen Habermas, “Remarks on the Development of Horkheimer's Work”, p. 49.

尔的直接指点,同时还利用了洛文塔尔等人提供的私人档案收藏。正是这种一般人——甚至是维尔默和杜比尔这两个学派第二代成员——无法获得的便利条件,保证马丁·杰完成了一部得到霍克海默肯定的学术史著作。在马丁·杰的笔下,一个为社会研究所的生存和发展殚精竭虑、运筹帷幄的霍克海默跃然纸上,霍克海默之于学派早期发展的基石作用由此得到彰显。具体而言,马丁·杰注意到了霍克海默1931年在所长就职仪式上所做的《社会哲学的目前形势和社会研究所的任务》这一演讲,然而作者对此也只是一笔带过,没有认识到它就是霍克海默为形成中的法兰克福学派制定的新思想纲领。回顾历史,我们基本可以做出判断:正是基于这一纲领,霍克海默在之后领导学派成员进行了多个项目的跨学科研究,取得了丰富的创新成果。但对于其理论贡献的忽视也容易误导读者得出以下错误的结论:学派是在霍克海默的行政领导下进行了理论创新的,但就具体学术而言,创新的任务主要是由学派其他成员承担的,与霍克海默本人没有太多关系。现实也正是如此,《辩证的想象》一书出版后在全球范围内获得巨大成功,但与之相对应,霍克海默那种在思想领导方面无为而治的历史形象就逐渐定型并被广泛传播开来了。因此我们更加有必要强调,对于学派的理论发展来说,霍克海默同样发挥着不可替代的思想领导作用。

事实上,霍克海默的强人作风有效保护了研究所的存续。他始终在谨慎地评估内外部的环境,确保研究所能够在相对安全的状态下展开持续性的理论研究和成果发布。1950年,经过审慎抉择,霍克海默偕同阿多诺、波洛克等学派少数核心成员返回德国,重建法兰克福社会研究所。学派大多数其他成员则选择继续留在美国发展。20世纪80年代初,在读过霍克海默50年代的日记后,50年代末曾与之发生激烈学术冲突的哈贝马斯改变看法,认为重返德国后的霍克海默一直分裂地生存着:一方面,他在私下里敏锐而严厉地分析德国现实;另一方面,他谨慎地维持着与各个方面的良好关系,为研究所的存在与发展创造更安全的外部环境。霍克海默出于现实考量,并不希望人们了解第二次世界大战之前研究所的理论成果。尽管如此,50年代中期新左派运动兴起后,学派的那些战前理论成果还是不胫而走,以各种方式在大西洋两岸传播开来,最终迫使霍克海默在60年代中期同意将部分战前理论成果重新整理出版。随着

“批判理论”的迅速流行，对它的历史考察随之成为一种需要。然而，在1968年的学生运动中，霍克海默和阿多诺分别因为对越南战争和学生运动的立场表达而受到德国新左派学生的严厉抨击，被指责背叛了革命和自己过去的理论。所以，这种需要只在当时的英语世界特别是美国率先变成一种实践。

就学术贡献而言，霍克海默对学派思想推进起到了决定性的引领作用。20世纪70年代末以后，和其他欧美国家一样，德国的新左派运动也趋于平复。对法兰克福学派及其“批判理论”的历史考察，由此被提上德国学界的日程。1982年，与法兰克福社会研究所齐名的汉堡社会研究所成员沃尔夫冈·邦斯发表《跨学科研究纲领与批判理论的起源》一文，认为霍克海默通过反思批判资产阶级哲学，提出了将哲学和社会研究联合起来的“跨学科唯物主义”新研究纲领，从而孕育了后来的“批判理论”。这为人们理解霍克海默在学派形成过程中的作用提供了一个全新视角。在1986年出版的《法兰克福学派：历史、理论及政治影响》中，具有法兰克福学派学统的德国学者魏格豪斯不仅阐述了霍克海默30年代初的跨学科研究新纲领，而且认为这种新纲领就是“批判理论”的精髓所在，70年代以后，它在哈贝马斯等人的研究中得到复兴与当代继承。①魏格豪斯的观点随即得到哈贝马斯的肯定和响应。在1986年发表的《关于霍克海默著作发展的若干评论》中，哈贝马斯不仅肯定了霍克海默在学派形成过程中的思想领导作用，而且提出霍克海默的新纲领实际上继承并发扬了马克思所开辟的反哲学的研究道路。②此后，霍克海默的思想史形象在德语世界得到重新书写。而在英语世界，这种重新书写似乎要艰难得多：尽管德语世界的上述新成果、新观点早在90年代前后就被引入英语世界，霍克海默更丰富的早期著作也在1993年被汇集以《哲学与社会科学之间》为题翻译成英文出版，但直到2011年，研究者还是需要用一整本书——《霍克海默与法兰克福学派的基础》——从被遗忘中拯救霍克海默，证明他是法兰克福学派名副其实的思想奠基人。该书作者爱博梅特

① Rolf Wiggershaus, *The Frankfurt School: Its History, Theories, and Political Significance*, trans. Michael Robertson, The MIT Press, 1995, pp. 657 - 659.

② Jürgen Habermas, "Remarks on the Development of Horkheimer's Work", pp. 49 - 50.

的研究工作受到法兰克福社会研究所两代成员的大力支持①,从而在事实上可以被认为是前述德语世界观点再次进入英语世界的桥梁。

而就国内研究来说,依据20世纪70年代的英文文献编译出版的《法兰克福学派——批判的社会理论》(1981)一书,首次概要地向国内学界介绍了法兰克福学派。该书让读者形成的印象是:虽然霍克海默名列学派成员第一,但学派真正重要的成员早期是马尔库塞,后期是哈贝马斯。也就是说,霍克海默从进入中国学界的第一天起就被忽略了。在80年代末90年代初那一轮"西方马克思主义"译介热潮中,霍克海默两部早期著作《批判理论》(1989)和《启蒙辩证法》(1989)被译成中文。1997年,国内学者还自主编辑了一本《霍克海默集》,收录了霍克海默《批判理论》《启蒙辩证法》《工具理性批判》中的一些代表性论文及早期的一些书信。此后,国内学界翻译霍克海默著作的热情就烟消云散了。至于研究霍克海默的热情,国内学界似乎从来就没有出现过,有关其人其思想的博士学位论文、硕士学位论文、专著及期刊论文都屈指可数,至今都没有出现改变的迹象。我们不禁要问,霍克海默为什么会被国内学界长期遗忘呢?最重要的原因应当在于,我们没有能够及时关注、引入德语世界在20世纪80年代取得的重要研究成果,并以一种新的视角审视霍克海默在法兰克福学派形成过程中发挥的重要思想领导作用。似乎可以做这样一个类比:面对法兰克福学派早期"批判理论"这一宏伟的理论金字塔,我们会不由得赞美阿多诺、马尔库塞、本雅明、弗洛姆等具体建设者的丰功伟业,而作为设计者和建设管理者的霍克海默却隐没在这一伟大建筑的巨大阴影中,被人无情地遗忘了。试问,仅有建筑工人而无设计师和监理,金字塔是否可能建成?

二、"社会哲学"的当代任务

霍克海默对于学派理论创新的重要贡献,就在于他与时俱进地重新定位了"社会哲学"的当代任务。1931年1月24日,霍克海默发表题为《社会哲学的目前形势和社会研究所的任务》的就职演讲,正式担任法兰

① John Abromeit, *Max Horkheimer and the Foundations of the Frankfurt School*, Cambridge University Press, 2011, pp. ix - xi.

克福大学社会哲学教授并出任法兰克福社会研究所所长。坦率地讲，这篇纲领性演讲的风格与霍克海默的为人一样锋芒尽藏，即便是其重要性已经得到充分承认的今天，一般读者也很难穿透其中庸的外表，感受到深藏于其中的巨大理论力量。除了霍克海默的个人风格外，出现这种奇特状况的关键在于人们对“社会哲学”——历史唯物主义的隐晦代名词——在当时德国的历史处境缺乏充分了解。

历史唯物主义在20世纪20年代末30年代初的德国处境如何呢？简单地讲，就是刚刚恢复自己应有的哲学身份，尚在被资产阶级哲学垄断的学院门口徘徊。哈贝马斯认为，“西方马克思主义”是与分析哲学、现象学、结构主义并列的20世纪四大哲学思潮。[①] 这个判断没有错，但这是20世纪60年代以后才发生的事情。1920年前后，即霍克海默这一代理论家开始接受哲学教育的时候，历史唯物主义不仅被排斥在学院高墙之外，而且根本就不被认为是一种哲学：

> 无论马克思主义理论和资产阶级理论在所有其他方面有着多大的矛盾，这两个极端在这一点上却有着明显的一致之处。资产阶级的哲学教授们一再互相担保，马克思主义没有任何它自己的哲学内容，并认为他们说的是很重要的不利于马克思主义的东西。正统的马克思主义者也一再互相担保，他们的马克思主义从其本性上来讲与哲学没有任何关系，并认为他们说的是很重要的有利于马克思主义的东西。[②]

之所以会出现这种悖谬的局面，归根结底是因为19世纪六七十年代以后，黑格尔成为一条“死狗”，他所代表的哲学传统被边缘化和被遗忘，作为这一传统的直接继承人，历史唯物主义的哲学之根也就被切断了，进而被新兴的实证主义洪流从原来的处所中冲刷出来，不断裹挟前行。19世纪末，新黑格尔主义逐渐兴起，有零星的资产阶级哲学家，如意大利的

---

① Jürgen Habermas, *Postmetaphysical Thinking*, trans. William Mark Hohengarten, The MIT Press, 1992, p. 4.

② 柯尔施：《马克思主义和哲学》，王南湜、荣新海译，重庆出版社，1989年，第4页。

克罗齐、德国的汉马赫，开始以哲学的方式来对待历史唯物主义。这一趋势最终在1923年卢卡奇的《历史与阶级意识》和柯尔施的《马克思主义和哲学》中得到系统明确的马克思主义理论表达。不过，卢卡奇和柯尔施当时都是职业革命家，如果没有1923年的“马克思主义研究周”，他们的新观念或许需要很长时间才能被后来成长为法兰克福学派批判理论家的年轻学院哲学家们知晓并进而发挥思想解放效应。以1925年霍克海默获得法兰克福大学哲学系编外讲师资格为起点，受卢卡奇和柯尔施思想启蒙的未来批判理论家们陆续进入学院体系，这就把历史唯物主义带到了资产阶级哲学占统治地位的学院哲学门口。

在法兰克福学派早期核心成员中，阿多诺、本雅明和马尔库塞等人在20世纪20年代初就受到卢卡奇和柯尔施著作的深刻影响，但在历史唯物主义进入资产阶级学院的过程中，发挥决定性作用的却是霍克海默。这是为什么呢？首先，这是因为霍克海默对卢卡奇和柯尔施所恢复的马克思主义哲学本质的理解更深刻。针对第二国际的教条主义，卢卡奇和柯尔施都强调马克思主义不仅有哲学，而且其本质是辩证法即科学的批判的方法论：“它是这样一种科学的信念，即辩证的马克思主义是正确的研究方法，这种方法只能按其创始人奠定的方向发展、扩大和深化。而且，任何想要克服它或者‘改善’它的企图已经而且必将只能导致肤浅化、平庸化和折中主义。”①这一认识极大地鼓舞了德国的左派青年知识分子，激励阿多诺、本雅明和马尔库塞等人去探索自己心目中的马克思主义哲学的当代形态。相比之下，霍克海默接受卢卡奇和柯尔施的思想影响要晚一些，不过，他却因此可以结合1926年发表的《德意志意识形态》之《费尔巴哈》章来理解后者的思想，从而认识到，这种被第三国际严厉批判的思想恰恰与马克思恩格斯的思想是一致的！因为马克思在《费尔巴哈》中明确指出，历史唯物主义不是教条而是科学研究的方法，“它们只能对整理历史资料提供某些方便，指出历史资料的各个层次的顺序。但是，这些抽象与哲学不同，它们绝不提供可以适用于各个历史时代的药方或公式”。② 其次，这是因为霍克海默对卢卡奇和柯尔施所倡导的哲学道路的

① 卢卡奇：《历史与阶级意识》，杜章智、任立、燕宏远译，商务印书馆，1992年，第48页。

② 《马克思恩格斯选集》第一卷，人民出版社，1995年，第74页。

认同更加强烈。当霍克海默历史地走向社会研究所所长位置时，他敏锐地察觉到，当代资本主义正在发生重大变化，这就要求马克思主义者像卢卡奇更准确地说像马克思那样，通过“哲学和社会科学的联盟”，去批判地认识变化着的现实，同时让作为哲学的历史唯物主义获得新的发展。最后，这是因为霍克海默对历史唯物主义进入资产阶级学院所面临的思想障碍的认识更全面。1925 年霍克海默获得教职资格后，一直从事西方近代哲学史领域的教学与研究，尤其是对近代资产阶级的起源以及德国古典哲学的唯物主义阐释。① 他深刻地认识到，资产阶级思想的二律背反是历史唯物主义进入资产阶级学院或者说被当代社会广泛接受的最主要障碍，其主要对手则是实证主义及形而上学。

1928 年，法兰克福社会研究所所长、“奥地利马克思主义”者格吕恩堡因为中风而健康每况愈下。更多地是出于技术方面的原因，研究所的核心成员们决定由较容易被法兰克福大学和德国教育部接受的霍克海默来接任所长之职。为此，霍克海默进行了多方面的准备，包括加速自己的思想成熟。1930 年，霍克海默发表了两篇并不是特别起眼的论文《一种新的意识形态概念？》和《黑格尔与形而上学问题》。《一种新的意识形态概念？》是对曼海姆《意识形态与乌托邦》(1929)的评论，其中，霍克海默尖锐地批评受马克思思想滋养的曼海姆并没有真正领会马克思的思想：马克思的理论目标“不是关于‘总体’或总体的绝对真理的认识，而是对现存社会状态的改变”，为此，“马克思要把哲学转变为实证科学和实践”，而继承了德国古典唯心主义的形而上学传统的曼海姆却“追求最终的哲学目的”。② 那么，是否成为形而上学就不足观了呢？霍克海默的答案是否定的。《黑格尔与形而上学问题》一文的最终结论是，黑格尔并没有因为形而上学而遗忘经验，相反，形而上学加深了他对经验的认识，用哲学来表现经验研究的成果不仅可能，而且必要！这表明霍克海默新的纲领性思想已经形成了。

霍克海默的前任格吕恩堡是一位公开的马克思主义者，曾明确表达

---

① See from John Abromeit, *Max Horkheimer and the Foundations of the Frankfurt School*, pp. 85 – 140.

② Max Horkheimer, *Gesammelte Schriften Band 2*, Fischer, 1987, SS. 271,276.

了自己对历史唯物主义的忠诚，不过，他对历史唯物主义的教条主义理解恰恰是霍克海默所反对的！这意味着霍克海默只有通过批判、清算自己前任的思想路线才能为研究所的未来发展开辟新的道路。出于可以理解的现实考虑，霍克海默没有点名批评格吕恩堡，而是将后者所认同的社会科学研究中的实证主义路线确立为自己的靶子。在《社会哲学的目前形势和社会研究所的任务》演讲的一开头，针对实证主义对历史唯物主义之于社会科学研究的合法性的质疑和否定，霍克海默旗帜鲜明地指出："它的最终目的是对人类命运——不仅是作为个人而且是作为共同体成员的人类命运——的变迁进行哲学阐释。因此，它最为关切那些只能在人的社会生活语境中得到理解的现象：国家、法律、经济、宗教，简言之，人类的全部物质文化和精神文化。"[①]换言之，如果脱离历史唯物主义的指导，人们就无法对人类命运获得正确的总体性认识。

历史唯物主义如此重要，那当代社会科学研究为什么拒绝接受它的指导呢？霍克海默沿着卢卡奇《历史与阶级意识》的思路往下，认为这是因为历史唯物主义所继承的哲学传统，即黑格尔社会哲学，被变化了的时代遗忘、遮蔽了。在演讲中，霍克海默先后表达了三层意思：第一，德国古典哲学在黑格尔社会哲学中达到顶峰，它的最大成就在于发现，只有在我们生活于其中的社会整体中，个人存在的意义才能得到真实的理解；第二，尽管黑格尔唯心主义地认为只有在国家这个整体中个人才能获得他的自由意识，但是，他的这种总体性思想是一个真正重要的发现，而叔本华之后的德国哲学却放弃了对这种总体性思想的信仰，结果导致实证主义路线在社会科学研究中大行其道；第三，从新康德主义到现象学，20世纪以来的德国哲学主流自觉反对实证主义，结果却成为实证主义的辩证的对立面，之所以如此，就在于它们只看到了个人以及个人之间的关系，从而是以实证主义为前提基础来反对实证主义的。在阐述了历史唯物主义的当前形势后，霍克海默明确指出，他领导下的社会研究所的任务就是要恢复继承马克思所开辟的"哲学和社会科学的联盟"道路，在历史唯物主义的指导下进行跨学科的经验的社会科学研究：

---

① Max Horkheimer, *Between Philosophy and Social Science: Selected Early Writings*, p. 1.

> 当前的问题是把当代哲学问题所提出的那些研究系统地整合起来。哲学家、社会学家、经济学家、历史学家以及精神分析学家们因为这些哲学问题而集合为一个永远的合作团队，以共同着手解决这些问题。在其他领域，类似工作只有在实验室中才能实现。简单地说，这一任务就是做那些真正的研究者迄今为止只是独立完成的工作，也就是说，在最精确的科学方法基础上研究更宏大的哲学问题，并在开展这种坚实研究的过程中修订、升华这些问题，同时在不忽略更大语境的条件下发展出新的研究方法。①

那么，这个哲学问题又是什么呢？对霍克海默而言，这就是现代资本主义社会的本质，或者换一种更学院化的表述方式，就是“社会经济生活、个人的心理发展以及狭义的文化领域的变迁之间的联系”。

三、对实证主义的系统批判

霍克海默担任社会研究所所长的第一个十年（1931—1941 年）无疑是法兰克福学派最具思想创造力的时期。那时候，在霍克海默的领导下，研究所开展了一系列跨学科研究，产生了一批极有影响的理论成果，阿多诺、本雅明、马尔库塞、弗洛姆等璀璨而华丽的思想新星就是在这一时期冉冉升起的。那么，霍克海默是如何发挥自己思想领导作用的呢？简单地说，就是“破旧”与“立新”：“破旧”是指霍克海默发挥自己的哲学史专长，继续自己从 20 世纪 20 年代末期就开始的对实证主义的系统批判；“立新”则分为可见的和不可见的两部分，可见的部分是指霍克海默确立了“批判理论”新观念，不可见的部分则是指霍克海默为了落实自己倡导的“哲学和社会科学的联盟”而实施的“独裁”领导。

在《社会哲学的目前形势和社会研究所的任务》演讲中，霍克海默已经指出，在理论辩论方面，历史唯物主义、当代社会哲学的主要对手是实证主义。因此，在就任所长之后，他发起并主要承担了对实证主义的

① Max Horkheimer, *Between Philosophy and Social Science: Selected Early Writings*, pp. 9 - 10.

批判。

霍克海默针对实证主义的“破旧”工程系统而严密。首先，在1932年的《科学与危机札记》中，霍克海默批判了作为实证主义的现实根基的科学或科学意识形态。在霍克海默看来，实证主义之所以在现代西方社会大行其道并成为资产阶级哲学的主流，归根结底是因为它源于现代自然科学。现代自然科学的发展及其对社会发展所发挥的巨大作用，人们有目共睹。不过，霍克海默希望人们思考一个问题，即由对自然的研究而生成的科学是否能够无条件地适用于对人类社会的研究？他的答案是否定的：第一，这是因为科学不关注人；第二，这是因为科学方法不适用于始终变化着的社会。尽管指出了科学的诸多缺陷，但霍克海默希望人们明白，真正有缺陷的不是科学，而是科学存在于其中的社会。科学的力量体现了社会的力量，而科学的危机则是整体的社会危机的一个表征：对科学危机的理解，取决于是否能够提出一种正确理解当前社会状况的理论，因为作为一种社会功能的科学当前正反映着社会的种种矛盾。

其次，在1933年的《唯物主义和形而上学》中，霍克海默从两个方面批判了实证主义的形而上学本质。具体地说，第一，霍克海默指出，同样都希望与科学相统一，但历史唯物主义与实证主义的科学观是截然不同的。历史唯物主义把科学理解为社会发展的产物，因而是历史的、具体的，甚至是有些主观的；而实证主义尽管坚信科学进步，却以非历史的方式理解科学。当经验批判主义“把独立于时间的主体”作为自己的前提时，一方面把科学绝对化了，另一方面也就使自己“与唯心主义形而上学变得情投意合了”。① 第二，历史唯物主义和实证主义一样强调只有“在感性经验中被给予之物才是真实的，并且一开始就如此认为”，但历史唯物主义只是在认识论上肯定感性经验的基础地位，绝无意“把感觉绝对化”，把“认识的起源和条件”与“世界的起源和条件”等同起来，而实证主义却在相反的方向愈行愈远。自世纪之交以来，实证主义与占统治地位的形而上学相比较，似乎不那么“具体”了，也就是说，实际上不那么唯灵论了。可其实，实证主义和形而上学不过是贬低自然知识和假定抽象的

---

① Max Horkheimer, *Critical Theory: Selected Essays*, The Continuum Publishing Company, 2002, p. 37.

概念结构这同一种哲学的不同发展阶段罢了。①

最后，在 1937 年的《对形而上学的最新攻击》中，霍克海默对正在兴起的实证主义新流派即逻辑实证主义的"思维方式缺陷及其与资产阶级历史的联系"进行了揭露。在霍克海默看来，逻辑实证主义的本质是经验主义与现代数理逻辑的结合，它虽然也从感性经验出发，但最终将个人主体从知识生产过程中排除出去了。由此，他认为，经验主义在各个发展阶段理解认识对象的方式实际上证明了资产阶级思想越来越浅薄，越来越不愿意看到非人身事物的人性基础。霍克海默并无意否定数理逻辑演绎在知识论研究中的地位和作用，而且肯定大多数逻辑实证主义者在政治上是进步的，但是他认为，逻辑实证主义这种完全放弃个人观察的标准、单纯依赖系统的逻辑完善性的理论取向，具有重大缺陷，或者说容易造成巨大的社会灾难：个人成为"高度完善的符号逻辑系统"的玩偶，而政府则成为万能的"经济机器"的操控者，这样的国家"既像精神病院又像监狱！"霍克海默警惕逻辑实证主义这种看似纯然无害的哲学终将在客观上成为科学暴政或政治暴政的帮凶。

四、理论创新道路的艰难探索

"破旧"是为"立新"。在完成对实证主义的系统批判后，1937 年，霍克海默发表《传统理论与批判理论》一文，公开阐发了自己的"批判理论"新观念。

"批判理论"或者准确地说"批判的社会理论"是"传统理论"的否定或直接对立面，而所谓"传统理论"，在霍克海默这里是指近代资产阶级哲学，特别是他刚刚批判过的实证主义传统。试图用自然科学的方法研究社会历史问题、日益数学符号化，是"传统理论"的突出特征。霍克海默指出，"批判理论"在三个方面与"传统理论"构成直接对立或否定。第一，与资本主义生产方式的关系及对资本主义制度的态度不同。作为资本主义生产方式早期发展阶段的自发产物，"传统理论"并不清楚科学的真正功能，不谈论理论对于人类生活的意义，只谈论理论对于自己由于历史原因而诞生于其中的孤立领域的意义，最终以不同的哲学形式表达了对现存

① Max Horkheimer, *Critical Theory: Selected Essays*, pp. 39 - 40.

的资本主义制度的顺从、接受和肯定。作为资本主义生产方式高度发展阶段的反思性产物,"批判理论"重新把握了理论应当具有的社会功能,超越对永恒逻各斯的虚幻追求,始终把对合理的生活条件的关切作为推动自身发展的动力,并因此拒绝相信现存社会为其成员提供的行为准则,认为简单地接受既有解释是不诚实的,批判地接受支配现有社会生活的诸范畴,同时就包含了他们(批判理论家)对这些范畴的判决。第二,理论主体及其理论活动的性质不同。个人与自己身处其中的社会是分离的。接受"传统理论"的人把这种分离看作绝对的甚至先验的,因而否定改变、改造社会的可能性。选择"批判理论"的人则把这种分离看作相对的,认为"由个人活动的盲目相互作用(即现存的劳动分工和阶级分化)决定的整个社会结构是一种源于人类活动的功能存在,因而是有计划的决定和合理的目标抉择的可能对象"①,即肯定社会是可以而且应当改变的。因此,在前者那里,价值与研究、知识与行动、理论与实践是截然分离的,而在后者那里,则是有机统一的。用马克思的话说,两者的不同在于:"哲学家们只是用不同的方式解释世界,问题在于改变世界。"②第三,逻辑结构不同。传统理论和批判理论都通过定义普遍的概念,进而从普遍概念中推出关于真实关系的陈述,并将之描述为必然的。不过,"传统理论"的概念是抽象的、非历史的,而"批判理论"则明确地把建立在简单商品交换关系基础上的资本主义社会作为自己概念的现实起源,并宣布这些概念是非普遍的,即主要适用于现代资本主义社会。不仅如此,由于"传统理论"坚持理论与实践的截然分离,所以,它主张的必然性是排除主体实践的,因而它所追求的"必然"和"自由"其实都是同一个东西,即"实际的顺从",而"批判理论"的必然概念本身就是一个批判的概念,它把自由,哪怕是尚未存在的自由作为自己的前提,即肯定主体在实现必然过程中的作用:"今天,在既有社会形式向未来的过渡中,人类第一次成为有意识的主体,并主动决定自己的生活方式。"③

尽管概念是新的,但"批判理论"就其实质而言却是"旧的",在本质上

---

① Max Horkheimer, *Critical Theory*: *Selected Essays*, p. 207.

② 《马克思恩格斯选集》第一卷,第 57 页。

③ Max Horkheimer, *Critical Theory*: *Selected Essays*, p. 233.

是霍克海默以卢卡奇、柯尔施的工作为中介,向马克思历史唯物主义的回归。在20世纪马克思主义发展史上,还有一些理论家、理论流派,他们超越第二国际或苏联教条主义马克思主义的思想束缚,重新发现历史唯物主义的本质是科学的批判的方法论。不过,最终只有法兰克福学派从正确的起点出发,对现代资本主义社会进行了成果丰硕的创造性批判探索,使马克思主义获得了一种产生重大影响的当代新形态。其中的分野在于:法兰克福学派不仅有“批判理论”新观念,而且有实施“哲学和社会科学的联盟”的新行动;这种新行动不仅目标明确,而且组织有序。历史地看,如果没有霍克海默在幕后实施的“独裁”领导,法兰克福社会研究所或许就会像汉堡社会研究所一样,仅仅是一个具有外在统一性的机构,而非一个具有内在有机统一性的学派。

在组织实施“哲学和社会科学的联盟”的过程中,霍克海默强有力的“独裁”领导主要体现在以下四个方面。

第一,强调理论研究必须有明确的现实关怀,即必须围绕批判资本主义社会这个核心开展理论研究。晚年霍克海默在政治上日趋悲观,不过,在回忆20世纪30年代的理论探索时,他还是不无自豪地指出,自己是把终结“人类的史前史”“作为自己的奋斗目标”的。30年代初至50年代初,社会研究所有很多专职研究员和兼职研究员。哪些人应当成为专职,哪些人只应当作为兼职?在专职研究员中,哪些可以处于核心,哪些只能处于外围?这些都由霍克海默乾纲独断。对于霍克海默来说,决断的重要标准就在于这个成员的研究工作与资本主义批判这个核心任务之间的关系是否紧密。例如,后来以《东方专制主义》而闻名的卡尔·魏特夫早在20年代末就成为研究所的成员,其研究得到前任所长格吕恩堡的大力支持,但在霍克海默任所长以后,他的地位就变得相对边缘化。这其中的重要原因就在于魏特夫一直致力于中国社会和历史研究,他的工作显然游离于资本主义批判这个核心任务之外。再如,流亡巴黎时期(1933—1940年)的本雅明与霍克海默、阿多诺的关系问题是法兰克福学派史研究中的一桩公案。本雅明的早年挚友朔勒姆在晚年撰写的回忆录中暗示,霍克海默和阿多诺不理解本雅明,并对本雅明的研究与写作进行了不公正的干预和压制。这一观点得到许多本雅明研究者的支持。可如果我们换一个角度审视就不难发现:本雅明始终不是研究所的正式成员,却处于学派的核心地位，之所以能够如此，就在于霍克海默支持他的文学批评，认为他的工作是完成批判资本主义社会这个核心任务所需要的；这一时期的本雅明沉迷于《拱廊街计划》，研究不断膨胀、发散、偏移，计划的可完成性极低，如果不是霍克海默和阿多诺的严厉批评，他或许根本不可能聚焦当代资本主义文化批判这个主题，完成《机械复制时代的艺术作品》《论波德莱尔的几个主题》等传世杰作。

第二，坚定不移地推进跨学科的协同攻关，以开放的心态对待新兴社会科学。进行跨学科研究是霍克海默在上任之初就规定的任务。霍克海默指出，之所以需要进行跨学科研究，是因为研究所的课题源于现实生活本身，它们的复杂性超越了任何单个学科方法能够胜任的限度。

> 任何单个这样的方法都是完全不充分的。如果常任研究员们在处理资料时，知道必须不能根据自己的愿望而应根据事物本身去发展自己的观点，并坚决反对任何美化；如果我们能够成功地使整体目标的贯彻免于僵化教条和单调乏味的经验技术的窠臼，那么，通过长期坚持不懈的研究，这些方法合起来就能使我们在总课题上取得丰硕的成果。①

就像人们早就注意到的那样，20 世纪 30 年代初以后，社会研究所组织实施的集体项目，从权威研究、纳粹研究，到辩证法项目、大众文化研究，都是以跨学科的集体协同攻关方式开展的，并且最终都取得了重大的理论突破。如果没有霍克海默的远见卓识和"独裁"领导，这些成就的取得是无法想象的。尤其值得一提的是，在组织跨学科研究的过程中，霍克海默始终以开放的心态对待一些新兴社会科学，特别是精神分析学和实证的社会学研究。关于精神分析学，研究所的核心成员内实际上始终存在着强烈的反对声，正是霍克海默力排众议，支持弗洛姆等人对马克思主义和精神分析学进行整合，以弥补马克思主义在社会心理学层面上的缺失，最终取得重大进展。如前所述，霍克海默是实证主义的坚定批判者，

---

① Max Horkheimer, *Between Philosophy and Social Science: Selected Early Writings*, p. 14.

但对 30 年代正如火如荼发展着的实证的社会学研究，他不仅不反对，而且还积极引进借鉴，力图找到能够为马克思主义所用的方式和界限。

第三，始终把政治经济学批判作为“批判理论”的基石。与跨学科研究所取得的辉煌成就相比，人们往往会忽略霍克海默对政治经济学批判始终如一的倚重。事实上，霍克海默始终坚持马克思主义政治经济学批判传统，将之确立为“批判理论”的基础和根本。早在 1931 年他就指出，真正需要解决的问题其实是“特定国家特定时代的特定社会集团的经济角色、该集团成员的心理结构转型与作为一个整体而影响集团成果并由集团成员所创造的观念和体制之间的关联”。① 政治经济学在这个问题的解决过程中的基础作用由此得到彰显。而在 1937 年《传统理论与批判理论》的“跋”中，他更是清楚地指出，“批判理论”“是以马克思的政治经济学批判为基础的！”在“批判理论”的形成与发展过程中，格罗斯曼和波洛克这两位经济学家先后提供了关键的经济学理论支撑。根据最新研究，我们注意到，重返德国后，社会研究所对马克思政治经济学的研究兴趣显著增强，阿多诺指导的多位学生都转向这一领域，从而促成了今天德国的“新马克思阅读”运动。

第四，坚决捍卫历史唯物主义的思想领导地位，反对单一社会科学的僭越。霍克海默倡导“哲学和社会科学的联盟”，大力推进跨学科研究，但这一切都有一个底线，那就是必须坚持哲学（历史唯物主义）在联盟中的思想领导地位，如果单一的社会科学试图僭越，他就会给予铁腕反击。在这个问题上，最典型的例子是霍克海默对弗洛姆的“驱逐”。很清楚，最初是霍克海默力邀弗洛姆加盟社会研究所的，他希望通过马克思主义与精神分析学的联盟弥补马克思主义在社会心理层面上的理论缺失。应当讲，弗洛姆在权威问题、纳粹问题等研究项目上发挥了重要的作用，但在此过程中，他的精神分析学倾向日益膨胀，最终提出要用弗洛伊德来补充马克思的“局限”。在霍克海默看来，这种力图把文化、社会心理学化的倾向是在挑战、取代历史唯物主义，而这是他坚决不会允许的。所以，20 世纪 30 年代末以后，弗洛姆在研究所中的地位开始边缘化，1941 年，弗洛

---

① Max Horkheimer, *Between Philosophy and Social Science: Selected Early Writings*, p. 12.

姆出版《逃避自由》一书，公开表达了自己的新立场并在美国获得成功，这最终导致他与霍克海默关系的破裂。此后，他就从学派的核心成员变成了学派核心成员竞相诅咒的对象。

第二节　纳粹研究

纳粹研究是学派在20世纪30年代末40年代初最为关注的核心议题之一，也是构建其“批判理论”大厦的重要柱石。纳粹的兴起给人类造成的伤痛是空前的，它不仅带来了军国侵略及民族屠杀，更使得长久以来形成的人类文明信仰一度崩塌。它的出现意味着现代以来人们一直追求和捍卫的理性启蒙精神已然走向其反面，却依然蒙着真理的面纱，成为禁锢大众思想的工具。纳粹究竟是什么？它的出现是偶然的还是必然的？面对新崛起的纳粹，人们莫衷一是，当时的英美列强以及第三国际，大都倾向于认为它是德国政党政治中的一个偶然现象，也因此错误地判断了历史发展趋势，丧失了遏制纳粹进一步发展的良机，从而铸成了历史大错。而见证了纳粹从小到大发展乃至攫取政权的法兰克福学派却敏锐地意识到，纳粹的兴起具有内在的历史根基，只有通过跨学科的协同攻关研究，方能准确定位其本质，进而在历史唯物主义指导下，在政治经济学批判基础上，对其展开长期集体研究。他们还最终认识到，法西斯主义作为资本主义发展至最新阶段的产物，是当时德国内外部经济、政治、意识形态及大众心理等因素综合作用下的必然结果。

一、对纳粹研究的误解

以往学界对于法兰克福学派的纳粹研究并没有给予足够的重视，往往是在研究学派内某一思想家的同时，顺带接触到其有关纳粹的部分思想。从学派当时的外部环境看，为了能拥有较为安全的研究环境，学派必须有意识地控制敏感研究成果的发表；而从内部来说，以霍克海默、阿多诺为代表的学派成员也的确乐于用碎片化的语言来藏匿自己的真知灼见。这无疑给后世学者的研究带来了许多困难，也造成了对学派法西斯主义研究领域的认识存在误读误判。

第一，将学派的纳粹问题研究作为孤立性事件对待，没有意识到这是一项由霍克海默牵头推进的集体攻关项目。在20世纪30年代末40年代初，为了给研究所争取到一个相对和平稳定的环境，霍克海默、诺伊曼等人与美国当局积极磋商，促成了纳粹及反犹主义的相关研究，这一时期，关于纳粹问题的讨论成为学派压倒一切的工作重点。在波洛克写给霍克海默的信中，他要求研究所的所有成员自1943年4月1日起投入这项工作。① 也就是说，围绕纳粹问题的相关研究长期以来都是以集体攻关的方式来计划和执行的。霍克海默在纽约的秘书也曾描述道：“抨击希特勒和法西斯主义这一共同的信念将我们聚集在一起，参加研究所工作的所有人员甚至包括秘书都具有了这样一个共同的使命，它令我们生出了忠诚和一体的情感。”②虽然从后续理论发展看，学者们关于纳粹问题的观点不尽相同，但这并不妨碍他们出于共同的理论信念，从共同的理论基点出发来对其做出理论分析。纳粹问题研究绝不是学派学者出于个人兴趣而开展的个案研究。

第二，忽视学派的政治经济学研究基础，认为希特勒治下的第三帝国只是偶然出现的、逆历史潮流的、靠意识形态宣传胜出的特殊一隅。在相当长一段时期内，包括苏联在内的左派对纳粹德国的性质并没有形成清醒的认知。他们将经济危机之下民众恐慌求变的心理误认为革命成熟的条件，从而对社会主义革命前景盲目乐观。学派认为，形成错误认知的重要原因正在于忽视了经济因素对整个社会发展局势的影响，一言以蔽之，关于社会的真理并不存在于关于社会本身的唯心主义概念中，而是存在于经济生活之中。共产国际在后来的反思当中意识到他们对当时德国民众的观念产生了误判，但没有从根本上认识到，在当时的环境下，民众的心理在很大程度上是受制于当时的社会物质条件的。面对包括《凡尔赛条约》在内的各种因素对德国经济的严重破坏，中下层民众渴求改变现状以获得强有力的保护，至于这种保护是来自左派还是右派，民众内心并无取舍，谁能让大家填饱肚子，谁就能获得拥护。纳粹也正是在摆脱危机、

① “Pollock to Horkheimer”, 2 March, 1943. 参见罗尔夫·魏格豪斯：《法兰克福学派：历史、理论及政治影响》，孟登迎、赵文、刘凯译，上海人民出版社，2010年，第468页。

② “Interview with Alice Maier”, New York, May 1969. See from Martin Jay, *Dialectical Imagination: A History of the Frankfurt School and the Institute of Social Research, 1923—1950*, University of California Press, 1996, p. 143.

促进就业的大事宣传下迅速提升了威望，把民众团结在了自己周围。

第三，将学派对纳粹的讨论狭义地局限在心理学范畴，忽视了学派研究的跨学科属性。心理学是学派纳粹研究项目中的重要组成部分。法兰克福心理分析研究所正是在霍克海默的大力支持下才得以成立的。研究所在接受美国犹太人委员会资助时亦明确表示，他们的研究在狭义上集中于“极权主义类型及其政治作用”和“心理学研究”这两个方面，霍克海默、阿多诺还亲自担任了心理学研究方向的主要负责人。但心理学分析显然不能完全替代学派法西斯主义研究的理论全貌。批判理论家们更愿意以总体性概念的方式开展研究，而非对法西斯的某些孤立范畴进行片面的分析。人们往往会忽略的事实是，在霍克海默的领导下，学派始终坚持马克思主义政治经济学批判传统，这才是“批判理论”的基础和根本；心理学分析在学派中自开始起就不是作为独立学科，而是作为学派跨学科研究的组成部分来对待和发展的。霍克海默一再强调心理学分析不应脱离对人类社会的考察，它应与社会科学相结合才能得出具有现实解释力的研究结论。他在给马尔库塞的信中直接说，“我根本不相信心理学能解决这样一个重大问题”，“在计划书中我使用的心理学这个词其实是指人类学，因为这是在对立社会条件下发展起来的人类理论”。① 学者一旦违背了这一原则，也就意味着他的研究与学派背道而驰。

第四，将法西斯主义研究与种族研究混为一谈，没有意识到该项目研究的目的在于资本主义批判。在关于纳粹研究的性质认定上，阿伦特与学派有着较为一致的观点，认为纳粹问题绝不是单纯的民族主义问题。② 但后来的研究者却常常放大研究所成员的血统因素，并以此推定法西斯主义研究是学派完成其身份认同的一项独立事业，并进而做出判断，将学派的法西斯主义研究等同于犹太种族问题研究，这无疑是错误的。值得一再强调的是，学派的研究目标自始至终都是批判资本主义，纳粹研究是被作为资本主义批判的核心环节来对待和开展的，而种族问题只是其中的一个组成部分。事实上，学派学者更像犹太人中的另类，对种族问题兴

---

① “Horkheimer to Marcuse”, 17 July, 1943. See from Max Horkheimer, *Gesammelte Schriften Band* 17: *Briefwechsel 1941—1948*, Fischer, 1996, SS. 463 - 464.

② 汉娜·阿伦特：《极权主义的起源》，林骧华译，生活·读书·新知三联书店，2014 年，第 37—38 页。

趣平平，对犹太复国主义也反应冷淡，他们继承了马克思主义的理论研究传统，将政治经济学作为其理论基础而开展跨学科研究，即使是针对种族问题的讨论也是围绕对资本主义的分析和批判来进行的。以社会中犹太人的财产问题为例，在学派看来，财产等级制既非犹太的也非基督的，而是资产阶级的，必须回归资本主义的政治经济学分析才能对其有一个清晰的判断。种族、宗教、伦理等事务皆一样，它们都要依附于现实社会，因此反犹主义的研究必须围绕对资本的批判展开。

二、理论探索中的争论

霍克海默甫一上任，就对学派今后的理论发展方向做出了革新性规划，然而构想落实到具体的理论研究需要经过反复的探索争论。对于整个学派而言，关于推动纳粹研究这样一个集体项目，学者们都有各自的理论理解且无前人经验可以借鉴，这导致学术争论成为推动理论前进的重要组成部分。

1943 年 2 月，以美国犹太人委员会与研究所签订协议为起点，纳粹研究作为集体项目正式启动。此后，学派有步骤地制订具体的研究计划，阶段性地推出研究成果。项目展开之初，由纽约分组主攻“极权主义类型及其政治作用”，霍克海默、阿多诺所在的洛杉矶分组则主攻心理学方向。随后，研究所还邀请了以桑德福为代表的伯克利小组就反犹主义心理学的问题进行深入讨论并将其内容作为所内研究的补充。这一阶段的研究成果为《反犹主义研究》草稿。在 1944 年至 1945 年的第二期研究计划中，纽约分部承担了重要工作，犹太人劳动委员会还为其中的“工人与反犹主义”项目提供了资助。这一时期研究所做了大量的访谈记录，做出了题为《美国工人中的反犹主义》的研究报告。同时，学派希望通过心理测试社会问卷的方式开展研究，旨在证明“反犹主义、法西斯和破坏性性格之间的联系”。1945 年，研究所计划开启第三期研究项目，并制定了 9 个子项目。同年 5 月，德国法西斯宣布投降，作为集体性的纳粹研究项目戛然而止。

在研究推进过程中，学派内外存在诸多争论。总的说来，争论集中于如何定义法西斯主义的属性，如何理解政治经济学以及是否应捍卫历史唯物主义的核心地位这三个方面。

首先，在判断法西斯主义的性质方面研究所与外部有着较为激烈的争论。纳粹研究是学派资本主义批判的重要阵地。霍克海默在《犹太人与欧洲》的首页就旗帜鲜明地写道："没人能要求流亡者拿着镜子在他们获得庇护的地方照出一个制造着法西斯主义的世界。不愿意讲资本主义的人，就应对法西斯主义保持沉默。"①这主要是针对当时一些将法西斯主义与资本主义割裂开的观点而做出的表态。如利奥波德·施瓦茨席尔德就认为对希特勒的支持更多来自中下层的工人阶级而非资产阶级；保罗·蒂里希与爱德华·海曼则直接认为法西斯主义未必具有阶级属性，法西斯主义与资本主义之间不一定有重要的相关性；弗朗茨·伯克瑙作为研究所的奖学金获得者及前共产主义者，居然认为纳粹主义就是褐色布尔什维主义，就像布尔什维主义可以被称为"红色法西斯主义"一样。以上观点皆是学派无法认同的。以霍克海默为代表的学派观点认为，纳粹作为大商业的代理者，事实上就是垄断资本主义的政治形式。法西斯主义是资本主义发展的结果，一旦出现以物质生产资料的实际占有为基础的少数统治，为了克服社会矛盾，集中的经济权利必然变成有组织的暴力机构，进而使官僚系统掌握生死大权，随之就一定会出现这样一种权威主义国家形式。法西斯主义将对生产资料的支配从少数人那里抢夺了过来，少数人对生产资料的支配是竞争斗争中最关键的结果，这当属资本主义为顺应时代发展需求而做出的形式上的调整，但其资本主义性质的内核并未改变。学派的这一立场不仅对于移民学者、左派学者，并且对于支持资本主义的民主人士抑或支持苏联中央集权的马克思主义者来说，都是一种冒犯。但从历史的发展来看，恰恰是在希特勒拉拢投靠垄断资本主义之后，纳粹党才获得了空前发展，而希特勒也一再表示私有制是不可触动的，看似大张旗鼓的计划经济事实上仍旧臣服于私人资本。纳粹治下的德国，其资本主义实质并未改变。

其次，在学派内部，对于马克思政治经济学的理解存在不同看法。在认可纳粹的资本主义的性质的基础上，学派内部关于马克思政治经济学的理解各有不同，因而对当时德国资本主义性质的具体形式的认定亦有

---

① Max Horkheimer, "Die Juden und Europa", *Zeitschrift für Sozial forschung*, 1939 (8), p. 115. 霍克海默是用英文写下这段文字的，在当时这种明确的表态是冒一定风险的。

所不同，其中最为典型的是波洛克与诺伊曼之争。波洛克将纳粹德国的性质定义为国家资本主义，认为当时德国与马克思恩格斯所处时代的社会状况早已大相径庭，经济基础与上层建筑之间也实难做出清晰划分，若一味强调经济的作用则极易将社会历史的过程设定为经济(技术)决定论的过程。虽然经济危机加剧了资本主义生产力与生产关系之间的矛盾冲突，但有效的技术手段足以使现代资本主义通过生产关系对生产力的强制的总体性调节，以国家资本主义这一新的形式度过危机。波洛克认为，在国家资本主义形态下，如果所有经济活动协调一致，不再通过自然市场规律，而是通过有意识的计划安排来实现，那原有意义上的经济问题便不复存在。在这一制度下，只会遇到管理问题。通过科学管理原则下的技术合理性的手段，市场经济原则将逐渐被取代。诺伊曼以正统的马克思主义者自居，自认坚持并贯彻了马克思经济基础决定上层建筑的科学理论，认为资本主义的对抗在德国处于更高因而更加危险的层面。在他看来，德国的社会性质更接近于权威垄断资本主义，该制度保留了资本主义经济的中心功能。指令经济并没有取代资本主义经济因素，统治阶层也并未发生改变，“利润动机将各种机构联合在一起。但在垄断制度下，如果没有极权政治权力，就无法创造和保留利润”。[①] 他反对波洛克关于国家资本主义的观点，认为其提法更接近于奴隶状态、管理独裁或官僚集体主义。在诺伊曼看来，波洛克的理论与研究所的理论完全相左，并与德国的实际发展状况南辕北辙，应当被反对和批判。然而学派核心圈的立场显然并未如诺伊曼所想，在霍克海默、阿多诺等人看来，波洛克的构想虽然在论证形式上存在不足，但作为当时问题的讨论基础是有道理、有价值的；而诺伊曼对马克思主义的理解较之“批判理论”则显得过于机械，甚至对“批判理论”的基本前提构成了微妙挑战，这也导致了之后诺伊曼与学派的分道扬镳。

第三，在跨学科研究中是否应捍卫历史唯物主义方法论的主体地位引发了争论。将弗洛伊德精神分析理论创造性地引入马克思主义研究是学派创新特色之一。但需要强调的是，在跨学科研究的过程中，如若脱离

① Franz Neumann, *Behemoth: The Structure and Practice of National Socialism, 1933—1944*, Ivan R. Dee, 2009, p. 354.

历史唯物主义方法论，则是舍本逐末，弗洛姆与学派的分歧在这方面极具代表性。在研究初期，弗洛姆是学派在纳粹心理分析领域毫无争议的代表性人物，他充分运用历史唯物主义研究方法，为学派的理论推进做出了很大贡献。他提出马克思和弗洛伊德理论具有历史唯物主义的相似性，认为精神分析是唯物主义的心理学，与唯物主义一样是从世俗的生活和需要出发的，二者具有融合的理论基础。在新的资本主义发展阶段，意识形态的作用日渐凸显，有必要引入新的元素对马克思恩格斯的政治经济学做进一步发展。精神分析一方面能说明人的意识形态是一定的愿望、本能驱动力、利益和需要的产物，另一方面又强调本能驱动力在很大程度上受到个人的社会经济状况或阶级的影响，从内部将意识形态与经济基础联结起来，增强了马克思主义在现时代的解释力。但弗洛姆在研究过程中与研究所逐渐产生了芥蒂。他在与马丁·杰的通信中直言，与霍克海默对此计划的价值有不同看法。从学派立场来看，双方产生分歧的根本点在于弗洛姆在跨学科研究的过程中抛弃了历史唯物主义的理论维度，其焦点就在于弗洛姆对力比多思想的放弃以及随之产生的文化和社会的心理学化。学派核心圈认为，弗洛伊德最伟大之处就在于他的研究植根于具体的历史情境之中，通过对力比多的研究，弗洛伊德客观上已经从单一的心理分析中挣脱出来了，这无疑与学派跨学科的研究路径不谋而合，而弗洛姆却返回通常意义上的心理学，甚至把文化和社会也心理学化了。在学派看来，弗洛姆对弗洛伊德的本能论的修正运动，近乎运用文化、社会心理学化的倾向来挑战、取代历史唯物主义，这一做法同时也否定了非同一性这一批判理论的核心。这直接导致了弗洛姆与研究所的不欢而散。

三、创新资本主义批判理论

在观点交锋的过程中，研究所关于纳粹问题的思路逐渐明晰起来。第三帝国的资本主义属性得到确认，以马克思的政治经济学批判为基础的跨学科的研究方式也得到进一步巩固。学派选择了波洛克的国家资本主义理论学说作为纳粹研究的政治经济学基础，并意识到需要对马克思主义的理论和方法做必要的补充和发展以应对资本主义的新变化，通过“哲学和社会科学的联盟”的方式引入新的社会科学研究成果，来对纳粹的生成本质及发展机理做准确的认识和判断。这些研究原则在以《启蒙辩证法》为代表的作品中得到了充分应用，从而汇聚成学派关于资本主义批判理论在新的历史时期的创新性成果。

首先，纳粹是资本主义发展的内生性结果，在本质上仍属资本主义性质。学派研究要解决的核心问题是：纳粹到底是什么？在核心圈看来，纳粹的出现与资本主义的发展直接相关，是西方非理性统治倾向的最激进的样式，对纳粹的分析必须通过“与整体的资本主义的互动”才能得以进行。从利益主体来看，纳粹代表的依然是握有资本的统治阶层的利益，纳粹堂而皇之地登上历史舞台与资本主义经济危机相关，他们是资产阶级为了守住自身利益所寻找的新的代言人，也只有在投靠了垄断资产阶级之后，纳粹才一跃成为影响历史进程的重要力量。从社会运行机理看，在纳粹治下资本主义基本经济规律并未改变。纳粹党是以私人财产占有为基础的，虽然市场经济的影响力受到削弱，但资产阶级剥削工人的实质并没有发生变化，资本家占有生产资料，其生产的目的依然是攫取工人创造的剩余价值。法西斯主义是国家资本主义，而不是社会主义。

其次，作为资本主义发展至新阶段的产物，第三帝国治下的社会呈现出新特点。第一，这种变化最为显著地表现在政治和经济的关系上，经济基础对上层建筑的影响不是单向的，国家对于经济也具有较强的影响和修正力量。学派认为，剥削不再是借助于市场而无计划地再生产的，而是借助于有意识的统治。在法西斯主义国家中，集中在迅速地蔓延，从而产生了一种能够直接掌控社会对立的合乎计划的权力，在这样的国家中，经济失去了自身独立的动力。一句话，政治不仅成了生意，而且生意已全盘成为政治。第二，过去物化了的人与人之间的关系转变成个人之间的权利关系。由于自由经济原则受到挑战，资产不再成为保障私人权利的因素，过去由经济所确立的社会地位转而为国家意志所左右，这也是犹太人的地位不断恶化的原因所在。自由资本主义时期，犹太人尚能通过占有财产保全自身，到了国家资本主义时期，在资产阶级的授意下，为了掩盖劳动契约的真实本质及经济体系的贪婪本性，犹太人就成为制造一切社会不公的“罪恶根源”。第三，伴随着自由资本主义向国家资本主义的转化，德国的刑法政策愈发严酷。由于各种生产体系都力图发现与其生产关系相适应的刑罚方式，因此纳粹的刑法方式同样应该放在整个资本主义社会结构当中来加以理解。一方面，随着国家资本主义取代自由资本主义，对个人财产的保护必须让位于对垄断集团利益的保护，因为后者控制着整个国家；另一方面，法律和道德分离的原则遭到破坏，种族优越的生物学观念同德国古典刑法理论的报复原则相混合，法律失去了保护个人权益的作用，被迫屈从于统治阶级的利益，成为实现国家惩罚目的的工具。

再次，法西斯主义的出现意味着近代以来的启蒙彻底倒退为神话。自启蒙以来，人类历史进入了现代进程，科学技术逐渐拥有了无可撼动的地位，人类的思想信仰随之出现变化。然而在学派看来，启蒙已褪去了其进步性，理性让位给非理性，已经启蒙的文明在现实中又倒退到了野蛮的状态。这一特征在反犹主义中表现得尤为典型。犹太人被指认为敌对种族，其主要原因并不在于生物血统或宗教传统，而更多地与当时社会的经济政治因素有关。纳粹作为国家资本主义的变种，几乎使个人的财产失去了私有属性。个人地位的高低，取决于他在社会等级制度中的政治地位，而非创业能力和个人财富。犹太人在历经启蒙运动、民主运动、民族运动等思想洗礼后逐渐具有了自我约束的启蒙精神，这种精神在帮助他们跃升为资产阶级的同时，也造就了他们渴望被接纳，却不愿意被控制的民族性格。犹太人这种固执不变的生活秩序使他们与统治阶级产生了某种不能被征服的不稳定关系，这显然是与国家资本主义的发展要求格格不入的。而对于下层民众来说，在糟糕的生存环境下他们的愤怒需要得到发泄，统治阶级以意识形态的方式将这种仇恨转向了犹太人。在“要求平等”的呼声中，对犹太人财富的洗劫发展成一场狂欢，反犹主义成了全民运动。虽然平民并未真正获得财富，但人民得到的好处越少，就越固执地支持这一运动。更为讽刺的是，这一暴行是打着“理性化”的旗号进行的。在意识形态宣扬下，犹太人被污名化为经济的操纵者、巫术和血腥的宗教仪式的参与者、杀婴施暴者等，对他们的暴行在名义上是理性化的。因此学派总结道：没有天生的反犹主义，也没有天生的反犹主义者，大众的恶行是被“理性”操纵的。

第四，技术成为法西斯巩固其统治地位的重要武器。启蒙和统治的联盟使人们对宗教的真理因素失去了意识，保留下来的仅仅是一种宗教的物化形式。信仰成为一种文化商品。统治集团利用技术理性，固化了对社会的管理，而国家作为统治执行者的作用却被逐步削弱，技术的因素不断得到增强。纳粹整齐划一的手势、制服、仪式等都意在促成模仿行为，而这种模仿则是一种技术手段。一般的模仿行为是把外在世界作为内在世界必须努力去遵从的一种模式，纳粹的模仿行为更进一步，将外在世界与内在世界混为一谈，主体被划入客体的范围之内，只能服从于病态的看似符合现实的规律，这为技术的控制扫清了障碍。统治阶级随之借助工具理性达到管理的目的，完成对人民的控制。在新的社会形态当中，相比以往，技术统治的因素大大增强。希特勒在《德国广播手册》中就明确讲道：“如果没有扩音器，我们是不可能征服德国的。”阿多诺亦指出：“在官方广播中，人们从公共生活那里形成的所有自发性都受到了控制，都受到了训练有素的监听者、视听领域的竞争者以及各种经过专家筛选的官方广播节目的影响。”①纳粹的胜出不仅仅是靠长枪短炮胁迫得来的，更多是借助技术的方式在民意簇拥中实现的。

四、理论创新的合理性及其意义

对现代性的反思和批判长期以来一直是现代西方思想界的重要主题。当经济危机横扫欧洲，纳粹的屠刀染满鲜血时，现代性的弊病以一种十分极端的方式暴露在人们面前。在人类思想获得启蒙、行为方式愈加理性化的时代，纳粹作为一种社会性的群众运动直接导致理论界对于整个现代性的真理性、正当性产生了怀疑。法兰克福学派的理论家们较早地认识到，对纳粹问题的思考不应局限于那个时空当中，而应将其放在对整个人类现代性问题的反思中来进行，因此他们继承了马克思主义的科学方法论，并以“哲学和社会科学的联盟”的方式对理论进行了必要的创新发展，站在当时的历史节点，对未来的资本主义发展趋势做出了科学而深刻的分析批判。

事实上，法兰克福学派同时代的学者们面对现代性与法西斯主义的关联性并非无动于衷，他们同样认识到问题的重要性并给予了深刻剖析。然而值得玩味的是，许多学者在对相似的研究对象和研究主题进行分析

---

① 霍克海默、阿道尔诺：《启蒙辩证法：哲学断片》，渠敬东、曹卫东译，上海人民出版社，2006年，第109页。

之后，却站在了与学派相反的立场之上。这里颇具代表性的当属海德格尔。作为阿多诺、马尔库塞等人早期的精神导师，海德格尔接受了纳粹对于自身国家社会主义的认定，将纳粹运动这场“伟大庄严的破晓”看作给整个德国带来颠覆性革命，从而拯救西方文明颓势、实现社会总体变革的唯一可能，期望借助纳粹的力量实现他批判现代西方文明、开拓未来发展局势的政治抱负。

为什么面对同样的现代性困境，海德格尔与法兰克福学派会做出截然不同的判断呢？究其实质，大概就在于二者方法论上的本质差异。海德格尔过于专注自身的哲学逻辑理路，将其哲学与现实做了较为生硬的嫁接，并以此作为考察历史的基础，这与学派所倡导的坚持历史唯物主义的方法论，进行“哲学和社会科学的联盟”的研究路径南辕北辙，研究结论自然也大相径庭。海德格尔在哲学领域的伟大不会被抹杀，但他这一时期在社会科学研究领域的生涩也不应被忽视。海德格尔一再强调知识与存在的统一，但由于缺乏政治经济学研究基础，他无法识破纳粹树社会主义之形、行资本主义之实的伎俩，也就无法认识到这一社会体制的目的绝不会是推翻当时非理性非本真的社会制度，相反，是为了更牢固地维护统治阶级的利益。与他不同，建立在政治经济学研究之上的法兰克福学派很快就发现，自由资本主义时期对于理性的理解是建立在协商基础上的，而纳粹对于理性的理解是他人必须对其表示认同和服从。这种所谓的具有普遍性的理性同时又是特殊的，它维护的是特殊集团的利益，这种理性本身就是不合理的。纳粹以国家资本主义的方式强调了国家的作用，否定了理性的普遍性，加快了其通向法西斯新秩序的步伐，与此同时，对否定性因素的无视使得拒不妥协的群体遭到铲除。与海德格尔将国家社会主义看作总体性的理性的表达方式不同，学派认为，法西斯主义在宣判了旧有理性的非理性，强势取代资产阶级过去虚假的理性形式的同时，却只允许服从，不接受反驳，这种“总体性”的社会形态亦是虚假的，必定无法真正如海德格尔所愿，去克服对存在的遗忘，更无法去对抗虚无主义、解蔽真理。

纳粹投降之后，轰轰烈烈的法西斯主义集体研究项目不复存在了。但对于法兰克福学派来说，这并不意味着法西斯主义也随之烟消云散了，作为世界体系的法西斯主义可能尚没有终结。学者们认为，法西斯主义的出现绝非偶然，是当时社会总体政治、经济、法律、文化、心理等因素综合作用的必然结果，德国纳粹或许被消灭了，但纳粹背后这样一种国家深度介入经济、运用理性技术实现全面管理的体制却不可能从内部瓦解。即使第三帝国覆灭了，国家资本主义也难以真正地消亡。换句话说，希特勒更像历史舞台上的一个演员，他只是历史发展倾向的执行者，历史的趋势早于他存在，且在他之后仍将延续下去。

第三节 大众文化研究

大众文化研究是法兰克福学派最具跨学科影响力和当代活力的一份理论遗产。今天，当我们不断重温该学派理论创新历程，力图从中汲取批判认识当代大众文化现象的灵感与智慧时，受其言辞表达方式所惑，常会误认为这只是一种关于文化的理论。事实上，作为法兰克福学派20世纪30年代启动的一个集体研究项目，大众文化研究是该学派资本主义批判理论的重要组成部分，其目的就是要通过跨学科研究的集体攻关方式，对新兴大众文化的社会性质、意识形态控制机制等进行创新探索，以期对资本主义社会的整体状况与未来进行诊断和展望。对作为上层建筑的电影、音乐、文学等内容的研究何以能对资本主义社会的整体状况进行诊疗？这需要我们重访法兰克福学派的大众文化研究以得到答案。

面对当代资本主义出现的新变化，霍克海默等人对于卢卡奇、柯尔施所恢复的马克思主义的哲学本质——历史唯物主义——给予了极大的认同，并进一步认为要在这一哲学道路的基础上，以非哲学化的方式走向现实实践，通过跨学科的方式开展研究，去批判变化着的世界，揭露资本主义的实质。彼时，法西斯主义在欧洲大陆肆虐，希特勒在大众的支持下上台执政，资本主义世界经济危机频发，生产力与生产关系之间的矛盾日益加剧，学派成员敏锐地发现，大众文化在当时的世界之中，正以一种多姿的形态左右逢源，在麻痹了大众思维的同时成为巩固统治阶级权力的工具。因此，对于大众文化的研究成为学派批判资本主义世界的必然功课。

一、需要关注的问题

在相当长一段时间内，法兰克福学派大众文化研究占据着国内关于国外马克思主义研究的显学地位。一方面，对于当时的国内学者来说，大众文化研究是他们借以了解国外学科动态的重要窗口；另一方面，因为大众文化是马克思主义理论在资本主义发展新阶段所孕育的一种新的批判理论形式，它对于当时资本主义社会的社会性质进行了极为深刻有力的剖析，产生了广泛的理论影响，这对于结合社会发展形势创新马克思主义理论研究方法具有一定的借鉴意义。但也需要看到，在了解和借鉴法兰克福学派大众文化理论研究成果的同时，必须对其有完整准确的了解，一旦出现误判则会对我们推进自身马克思主义理论方法创新有错误影响。从现有研究成果看，一些误读较为集中的地方值得引起我们的重视。

第一，大众文化研究是法兰克福学派推进的一项有整体规划的集体研究项目，若以当中某一学者为研究对象，以“做人头”的方式研究其思想以覆盖整个大众文化理论，显然是失之偏颇的。过去学界中普遍存在着以个体化的方式研究学派观点的做法，这有其客观因素，特别是面对法兰克福学派这样一个反体系特征明显、成员观点各异且思维发散的研究对象时，分门别类的研究方式无疑是理论研究初期的不二之选。然而随着研究的深入，我们愈发认识到，研究所表面呈现出的松散局面更多只是出于分工的不同，对于学派来说，个案研究无法替代对学派的总体研究，共同的命运以及共同的目标始终是研究所的基本特征之一。学者们自始至终都是围绕统一的研究起点、方法及目标来执行其研究计划的。具体而言，大众文化研究项目自启动以来就秉承霍克海默所倡导的“哲学和社会科学的联盟”的道路，坚持运用历史唯物主义方法，辨认社会发展的总体趋向，深入批判资本主义。总之，作为一种过程性、现实性的理论探索，大众文化研究并没有什么预设结论，它更需要学者们通过对资本主义新状况的分析来发掘出大众文化新的本质内涵，这也意味着学者之间的争论及观点分歧是正常且合理的，不能以之为据对学派思想做割裂式的研究。

第二，学派的大众文化研究并不是一种学院化的社会学研究，而是社会批判理论，是该学派整个资本主义批判理论的重要组成部分，若单纯从文化或社会层面讨论法兰克福学派的大众文化理论，甚或将相关结论直接移植到中国来，无疑违背了学派的理论初衷。研究所反对把文化与社会相分离的做法，大众文化在一定意义上就是社会发展趋势的一种反映。艺术可以被解释为发生在社会之中的一种程序密码语言，文化理论研究的任务就在于辨认总体的社会趋向，这一趋向表现在这些现象中，并通过它来实现自己的最大利益，文化批判应成为社会的“观相术”。大众文化研究既不是理论家在艺术领域的深耕细作，也不是对社会关系的简单翻译，而是透过考察文化对社会发展的影响、文化和工业社会生产的关系等因素，审视及批判整个资本主义社会的发展状况。正因为如此，机械地以学派大众文化理论来分析中国文化及社会问题的做法是不会成功的。对于学派而言，“批判理论”是针对当时变化了的社会环境的，通过对马克思历史唯物主义方法论的继承和发展对资本主义展开深刻剖析，强调对社会生产实践的分析以及方法的批判性继承，反对的正是学院式的以单一学科为基础进行的闭门造车式的理论研究。我们提倡在研究大众文化理论的过程中看到并重视他们对于马克思科学方法论的发展和创新，而不是对理论的生搬硬套。

第三，大众文化研究是霍克海默所倡导的以政治经济学批判为基础的跨学科研究的一个成功实践案例，霍克海默之于学派的理论领导作用不应被忽视。霍克海默在继任研究所所长时曾发表过一篇对学派影响深远的讲话，在这篇讲话中他提出了关于哲学和社会科学联盟的构想，并要求将其作为研究所未来的任务加以执行。

> 当前的问题是把当代哲学问题所提出的那些研究系统地整合起来。哲学家、社会学家、经济学家、历史学家以及精神分析学家们因为这些哲学问题而集合为一个永远的合作团队，以共同着手解决这些问题。在其他领域，类似工作只有在实验室中才能实现。简单地说，这一任务就是做那些真正的研究者迄今为止只是独立完成的工作，也就是说，在最精确的科学方法基础上研究更宏大的哲学问题，并在开展这种坚实研究的过程中修订、升华这些问题，同时在不忽略更大语境的条件下发展出新的研究方法。①

① Max Horkheimer, *Between Philosophy and Social Science: Selected Early Writings*, pp. 9 - 10.

在大众文化的研究过程中，学派充分践行了这一理念，吸收了当时社会科学研究领域的前沿方法及思想，为文化研究增添了新的维度。

二、研究的兴起

大众文化研究的出现和现代都市的逐渐兴起密切相关。第二次工业革命后，越来越多的工人拥有了闲暇时间，能够像他们的雇佣者一样，拥有对艺术、时尚的追求，在这样一个过程中，人与都市、经济基础与上层建筑之间的关系都发生了质的变化，大众文化成为现代都市中超越了生存需求的一种新的需求模式。首先对这一新兴领域给予关注的是齐美尔、克拉考尔等人，他们的先行探索为本雅明、阿多诺等人后来的研究奠定了良好基础。

齐美尔较早地关注到了大众文化现象。在他看来，人们所有思想的展开，都是紧紧扣住直接经历的活生生的现实的，现代都市的出现造就了现代大众文化。在一个人口庞大而人情淡漠的都市社会当中，原本毫无联系的个体出于被关注的渴望以及劳动的束缚，具有了模仿上层阶级文化体验的愿望。这种对现实经验的关注深深打动了克拉考尔。追随前者，克拉考尔围绕着“高雅文化的边缘区域”进行理论研究，并最终将自己的研究重点落脚于那些通俗文化的媒介上，意图从短暂的文化现象中直接解析出社会的发展趋势。受马克思影响，克拉考尔从唯物主义历史哲学的角度进行文化批判，试图从稍纵即逝的文化现象中解码出社会的整体状况，从而发掘资本主义社会大众文化现象背后的革命潜能，以帮助人类走出现代性困境。

齐美尔、克拉考尔的研究是具有开拓性的。他们打破了艺术与现实社会之间的屏障，将文化看作研究现代社会发展的一面镜子。艺术的根本意义在于它能够形成一个独立的总体，是一个能够从现实的偶然性碎片中产生的自足的缩影，艺术和现实之间有着千丝万缕的联系。他们不孤立地分析文化，而是从社会学、心理学、哲学等学科出发多维度地研究分析现代都市与大众文化的关系。齐美尔的“模仿”观念，克拉考尔关于“踢乐女孩”机械化同步化的指认，以及他所得出的“生产领域的泰勒化在带来经济领域的合理化的同时也引发了文化价值领域的合理化”的观点，与本雅明的文化复制理论、霍克海默及阿多诺的文化工业理论等具有理论上的亲缘性。

但不能忽略的重要事实是，齐美尔、克拉考尔的研究和学派的大众文化研究有着质的差别。他们的研究是从资本主义社会内部来分析社会文化变迁的学理性思考，其实质绝不是资本主义批判。而且，两位学者的研究虽然具有跨学科的形态，但与学派以政治经济学研究为基础的理路并不相同。此外，他们的研究主要源于自己的兴趣，与学派所遵循的研究纲领并无关系。

能在真正意义上被称为学派大众文化研究先驱的当属本雅明。本雅明和法兰克福学派的关系比较特殊。他游离于学派之外，却在学派的资金支持和思想鞭策下展开理论创作；他的许多理念与学派并不契合，但学派的核心圈无疑对他寄予厚望，并在他的思想中汲取养分。本雅明的思想中还存有较为强烈的神学色彩，他试图以一种别样的方式将神学和历史唯物主义结合起来，尝试以“神学意义的方式”来考察文化现象。在他死后出版的《历史哲学论纲》中曾经出现这样一个寓言：人们看到的是一个木偶在棋盘前下棋，但里面却是一个棋艺高手通过绳子在指挥木偶，这个木偶就叫作“历史唯物主义”。在本雅明看来，若历史唯物主义如木偶一般能得到神的指引，必将一往无前，战无不胜。

大众文化选题的确立是在本雅明与阿多诺的争论中形成的。二人在1923年初次会面，并于1929年通过一系列“在柯尼斯泰因的难忘的对话”结下了真挚的友谊，也就是在此时，本雅明向阿多诺表达了自己“拱廊街计划”的意愿。这一时期，阿多诺受到了本雅明很深的影响，他曾专门就《德意志悲苦剧的起源》开设研讨班，并邀请本雅明成为《社会研究杂志》的撰稿人。1934年，本雅明重启了“拱廊街计划”，这一行动获得了研究所的极大关注和支持，为了能使他心无旁骛地投入写作，后者迅速提高了他的薪酬。霍克海默、阿多诺、波洛克等所内的核心成员均对这一写作计划表现出兴趣。阿多诺在给本雅明的信中提道：“得知你开始写作《拱廊街计划》，这确实是多年来你告诉我的最好消息……我也相信，在马克思主义理论的这个决定性的层面上我们是大有可为的……如果阶级理论仅仅是一种机械降神，那么‘审美’将以一种阶级理论所无法比拟的更为深刻、更具革命性的方式触及现实。”①更加令人意外的是，学派十分清楚这一研究当中可能会存在许多“并不符合研究所工作计划”的内容，如不可避免的唯物主义因素与神学因素的混杂、过多的形而上学内容等，但并没有降低对于这一作品的期待，他们甚至认为将神学纳入唯物主义的研究过程会获得一些有益成果。霍克海默等人认定，本雅明作为“最伟大的天才之一”，将会是他们文化集体项目中的普罗米修斯。

1935 年 5 月，本雅明将《巴黎，19 世纪的首都》一文的提纲以信件的方式发给了阿多诺，这份提纲事实上应该算是法兰克福学派大众文化研究项目正式启动的标志性成果。阿多诺、霍克海默被这份在内容上仍显粗略的提纲极大地振奋了。阿多诺立即写信给霍克海默，对本雅明的思想给予坚定支持，“这一计划的所有内容都能够接受辩证唯物主义观点的验证……它不仅在结果上会是积极的，且在研究所的工作范围内它所起到的作用一样是积极的”。② 霍克海默对此表示认同，认为本雅明与自己“正沿着同样的思路思考”。同年 9 月，霍克海默致信本雅明，对他的研究工作给予了肯定，认为后者的研究所取得的巨大进展是对之前的从唯物主义角度讨论美学的超越。之后，该项目被纳入研究所正式资助的研究计划之列，本雅明本人也被列为研究所成员，他发表于《社会研究杂志》中的文章，或多或少成为“拱廊街计划”的组成部分。

在“拱廊街计划”的执行阶段，阿多诺代表研究所履行着监督的职责。事实上，计划的执行并不顺利，受布莱希特“朴素的思维”的影响，本雅明的思想常会出现庸俗唯物主义的非辩证的成分，同时他对于历史性的忽视也常使其理论在批判资本主义的力度上大打折扣。对此，阿多诺曾一再提出批评，希望他能与研究所保持更多的一致性，但收效甚微。对本雅明与研究所之间的关系从不乏批评者，阿伦特曾十分尖锐地指出，本雅明对研究所处于一种“俯首听命”的状况，后者以强势姿态在金钱和思想上压制着本雅明，甚至对他与挚友布莱希特的交往横加阻拦。然而事实果真如此吗？在大众文化的研究过程中，本雅明最神往的无疑是神学和历

---

① See from Rolf Wiggershaus, *The Frankfurt School: Its History, Theories, and Political Significance*, pp. 192 - 193.

② “Adorno to Horkheimer”, Oxford, 8 June, 1935. See from Rolf Wiggershaus, *The Frankfurt School: Its History, Theories, and Political Significance*, p. 194.

史唯物主义的结合，但是，无论他最忠实的伙伴朔勒姆抑或被阿伦特抱不平的布莱希特都没有在思想上真正理解和接受本雅明，朔勒姆认为本雅明只是引入了一些马克思主义的术语以使自己的理论能够转换成辩证唯物主义式的，他甚至警告本雅明不要成为“扰乱宗教和政治的莫名其妙的牺牲品”，布莱希特同样不喜欢本雅明在理论创新中的调和尝试。事实上，只有阿多诺真正地肯定并支持了本雅明融合两极的努力。从大量的信件交往中不难看出，在与以阿多诺为代表的研究所的讨论过程中，本雅明是十分积极主动的，他多次感谢阿多诺能够对他的理论抱有兴趣，并认为后者能够准确理解他的意图，这位天才般的人物无疑在阿多诺那里找到了一种惺惺相惜之感。

应当说，本雅明与阿多诺之间看似剑拔弩张的相互批评正是他们思想碰撞、推进理论发展的特有方式。本雅明就像一座理论富矿，提出了大众文化项目的许多研究主题，而研究所与他的合作就是肯定并激发他的理论敏感，让他的丰富思想资源能够被更好地整合起来，使理论研究发挥更大威力。如果没有阿多诺、霍克海默等人对本雅明研究的一再纠偏和敦促，作为集体项目的大众文化研究课题将是无法确立及执行的。客观地讲，本雅明的研究理路与研究所的并不十分吻合，他对于大众文化及技术革命所持的乐观态度也与研究所资本主义批判的目的相左，但无论如何，我们都不应忽视本雅明的先驱性贡献，在文化理论的探索初期，他为学派留下了灿烂的思想遗产。

三、理论的探索

研究所成员对于文化研究具有普遍的热情，阿多诺钟情于音乐美学，霍克海默乐于撰写小说，洛文塔尔发表了大量的文学评论，魏特夫沉醉于戏剧和文学评论，马尔库塞对于美学的热爱也是由来已久。由于学者们兴趣各异、写作风格多样，看上去要对学派的大众文化研究做一个完整的介绍和分析是十分困难的，但若在现有理论研究基础上，将它们看作集体研究的组成部分，问题似乎就迎刃而解了。作为一项集体攻关项目，学者们的研究有着共同的目标指向，即以政治经济学批判为基础进行跨学科、多维度的集体规划，以实现对资本主义的本质性批判。在研究过程中，学者们看似分散的研究路向更多源于分工的不同，研究结论中存在个性、差异性也是正常的。

一方面，学派大众文化研究是以政治经济学批判研究为基础的。按照霍克海默的就职演讲，当时的研究真正要解决的问题是“特定国家特定时代的特定社会集团的经济角色、该集团成员的心理结构转型与作为一个整体而影响集团成果并由集团成员所创造的观念和体制之间的关联”。[①] 从学派在 20 世纪 30 年代的书信记录中可以看到，他们对于马克思的方法及其分析当代危机的适用性、垄断资本主义等均展开了集体性的讨论，且这些讨论无一例外是以马克思主义政治经济学作为共同的理论依据和基础的。拓展到文化研究领域，学派就是要阐明，在资本主义现代都市当中，在文化以机械复制的方式呈现给大众时，人们的内心所受到的影响和出现的变化，以及这种变化与上层统治、社会制度及整个社会未来发展趋势之间的联系。在这个过程中，政治经济学的基础作用得到了充分彰显。

从研究目标看，文化批判理论是资本主义批判的组成部分，而政治经济学对于资本主义批判具有基础性地位。作为法兰克福学派前后两代经济学家，格罗斯曼和波洛克的理论在很大程度上影响了学派的理论定位及走向。格罗斯曼的危机理论使研究所以较为乐观的态度面对资本主义的发展趋势，然而 1933 年之后资本主义和苏联所呈现出的新的发展趋势宣告了其理论的失败，波洛克的国家资本主义理论迅速将其取代。波洛克对于资本主义仍将在相当长时期存在的悲观分析，使学派逐渐调整了对资本主义的理解方式。也正是在这一时期，大众文化研究得以立项，阿多诺、洛文塔尔、马尔库塞等学派核心人物无不是基于资本主义仍将持续存在这一理论前提来进行研究的。国家资本主义被看作垄断资本主义之后的新阶段，在这一阶段，国家依然生产剩余价值，只是分配方式等发生了变化，但是马克思的政治经济学分析方法对其仍然适用；同样，这种分析方法也适用于对文化的工业化分析。

从研究方法看，历史唯物主义的核心正是政治经济学批判。当马克思深入政治经济学研究时，他对黑格尔关于市民社会的分析有了更为深

---

① Max Horkheimer, *Between Philosophy and Social Science: Selected Early Writings*, p. 12.

刻的理解，认为“对市民社会的解剖应该到政治经济学中去寻找”。在资本主义中，生产劳动是能够产生剩余价值的劳动，“只有这种对劳动的一定关系才使货币或商品转化为资本，只有由于自己对生产条件的上述关系（在实际生产过程中有一定的关系同这个关系相适应）使货币或商品转化为资本的劳动，才是生产劳动。”[①]因此，只有从历史唯物主义出发，在资本主义的生产关系下分析人类的生产活动包括文化生产活动，才能对其中蕴含的资本主义实质有着更为深刻的认识。正是循着这一思路，研究所旗帜鲜明地认为，要坚持历史唯物主义方法论，在摸清资本主义经济层面发生的变化的基础上，进而研究文化层面所带来的变化。政治经济学批判被确立为文化批判的基础。

从研究逻辑看，文化正在以工业化的方式被生产出来，必然要遵循资本主义的生产逻辑。无论是本雅明所分析的机械复制时代的艺术作品，还是阿多诺的新音乐哲学，抑或洛文塔尔的通俗文化研究，他们所要表达的一个共同的观念是：资本主义所释放的巨大的生产力非但没有推进社会的文明，反而以压制的复制的形式来对待艺术，艺术被请下了神坛，成了大众的消费品，大众文化体现出极高的标准化、伪个性化等特征，因而遵循的是资本主义的生产逻辑。以阿多诺对现代音乐的分析为例，阿多诺认为，音乐的调性和无调性这些质料是音乐生产中的生产力，理性的征服和个人的解放这类内在理解及动机则代表生产关系，贝多芬之后的西方音乐就是在这一生产力和生产关系的相互作用下发展起来的。在国家资本主义时期，随着生产技术获得前所未有的发展，调性音乐的发展也达到顶峰，这一切都与生产逻辑相关。

另一方面，学派采取跨学科、多维度的研究方式。霍克海默在就职演讲中就提到，研究所应当沿着“哲学和社会科学的联盟”这一创新道路，以哲学为基础，推进各学科代表之间的持续合作，以及理论建构与经验方法之间的融会贯通。也就是说在研究的过程中，历史唯物主义是方法，政治经济学是基础，而特色就在于跨学科、多维度的“联盟”道路。看上去与学派研究宗旨不甚相衬的“拱廊街计划”为什么会得到所内核心成员如此青睐呢？一个重要原因就在于本雅明的研究方法与学派“哲学和社会科学

---

① 《马克思恩格斯全集》第二十六卷(1)，人民出版社，1972 年，第 425—426 页。

相结合”的联盟道路不谋而合。阿多诺在向霍克海默汇报这一计划的进展时坚定地认为,该工作经受得住辩证唯物主义的任意检验,其提出的问题具有创新性,且方法完全不同于学术体制的惯用方法。到底是何种方法呢?自然是破除学科壁垒,将哲学与其他科学结合起来,运用辩证观念的“商品”概念来研究19世纪资本主义都市文化的这一具有“联盟”性质的独特研究方法。在研究大众文化的过程中,阿多诺同样没有在音乐和哲学之间做取舍的打算,因为在他看来二者所致力于实现的东西是同一的。在音乐和哲学不同主题上的研究不仅不会招致混乱,相反,这种跨学科的研究方式正是阿多诺灵感的源泉,令他有更宽广的视野、更独特的维度来思考资本主义大众文化的生产和消费问题。洛文塔尔对学派的联盟式研究理路也持认同感。他明确提出,不仅是霍克海默,而且是研究所的整体状况都对他产生了很大影响,使他看待世界、自然及人生的视野变得更加开阔。正是洛文塔尔对大众文化研究具有的这种广泛性,使他在集体项目中扮演着重要的角色,以《社会研究杂志》主要编辑的身份肩负着学派思想的整理、传播工作。

总体说来,研究所大众文化研究的项目虽然有理论上的分歧,但更为重要的在于它是以政治经济学批判为基础所开展的“哲学和社会科学的联盟”的一项跨学科的、多维度的理论研究。作为掌舵人,霍克海默坚持认为,共同的研究出发点(以政治经济学为基础)、正确的研究思路(跨学科多维度)是团结所内成员、达成研究目标的核心所在,学者一旦被发现偏离了这一道路,就面临被清除出学术队伍的命运。以本雅明为例,他为研究所撰写的部分论文未能在《社会研究杂志》上发表,一方面是霍克海默等人出于自保目的的无奈之举,另一方面则证明了他的研究与学派团体项目之间存在的微妙关系,不符合文化研究总纲领的成果是不会被收入其中的。

四、文化工业理论

霍克海默较早地认识到,需要用一本书来对辩证法及大众文化问题做一个更具深入性的研究,这本书将从学派几年来所做的个性化研究中总结出一个主导性的观点。他认为需要说明的问题在于:大众文化是什么?为什么随着社会的发展,人性愈发陷入野蛮状态,文化在这当中起到了怎样的作用？阿多诺有关“新音乐哲学”的手稿令他十分激动，他在给阿多诺的信中写道：“我生平最激动的时刻莫过于阅读你这篇文章之时。”在霍克海默看来，其中的内容构成了他们共同的研究基础。虽然种种迹象表明相关工作并未完成，但《启蒙辩证法》一书体现了学派对于文化工业的深入思考，是学派大众文化研究的集大成之作。

《启蒙辩证法》同样是被学派作为整体研究计划加以推进的。霍克海默的往来信件证实，他曾多次就该书的写作内容与洛文塔尔、马尔库塞、波洛克等人进行讨论。同时研究所1942年中期的《哲学家们无法完成的洛杉矶研究计划的分工备忘录》也一再说明，包括大众文化研究在内的批判性分析都是作为一个整体进行的。学者们的研究能否成功，从根本上取决于他们对那些有关最新经济发展的具体洞见的判断，在学科间的紧密合作中开展对当代经济社会发展的研究无疑是至关重要的。在《启蒙辩证法》的写作过程中，霍克海默和阿多诺作为研究所的核心，将马克思的政治经济学批判贯穿于大众文化研究当中，使文化研究不再仅仅聚焦于艺术本身，而且直面现实。正如阿多诺所说，他们要将关注的重心转向社会，正是对艺术的研究使他认为这种“转向”是具有必然性的。

大众文化到底是什么呢？《启蒙辩证法》以章节标题的形式对此给予了正面的回答：文化工业。文化工业当然不等于大众文化。作为资本主义文化生产的一种标准化模式，文化工业是启蒙产生的文化后果，是一种“大众欺骗”，它是国家资本主义背景下大众文化的现实机制。

霍克海默、阿多诺要探讨的是，在政治对经济发挥支配性作用的过程中，文化进步如何走向其对立面的各种趋势，以及文化工业的统一性如何促成了政治的统一性。“在国家资本主义形势下……如果所有经济活动协调一致，不再通过自然市场规律，而是通过有意识的计划安排来实现，那原有意义上的经济问题便不复存在……在这一制度下，只会遇到管理问题。”①在这样一个社会当中，过去马克思所指认的经济基础与上层建筑之间的关系发生了改变，传统的政治对经济的依赖作用明显弱化，反之

① See from Friedrich Pollock, “State Capitalism: Its Possibilities and Limitations”, in Andrew Arato & Eike Gebhardt (ed.), *The Essential Frankfurt School Reader*, Urizen Books, 1978, p. 78.

国家对经济领域的生产交换内容拥有了前所未有的干预权力，科技的发展促使技术的统治进一步取代了政治的统治，用发展生产来掩饰统治支配。相应地，资本主义对于大众的统治逐步内化，不再单纯使用镇压的方式，而是借助意识形态使统治合理性的内容渗透到人们的私人生活及心理本性之中，以达到思维统治的同一化。在垄断之下，大众文化都具有同一性，它借助于工业技术，通过人为的方式被不断地模仿、复制出来，在这一过程之中，普遍性代替了特殊性，新生的元素被排斥在这种文化发展过程之外，大众的思想被禁锢在文化工业制造的密闭空间之中。至此，文化工业取得了双重胜利，它从外部祛除了真理，同时又在内部用谎言把“真理”重建起来，这是一种大规模地具有欺骗性的启蒙。

大众文化的实质就在于共性和个性的虚假同一性。在垄断资本主义社会，所有的大众文化都是同一的。在构建极权主义国家的过程中，文化作为精神水泥在每一件东西上都打上了相似的烙印。电影、广播和杂志构成了一个体系，其整体和它的每一个部分都是统一的。城市的空间设计也是如此，一切都在为资本的绝对权力效劳。技术的参与进一步抹平了社会劳动和社会系统二者之间的逻辑差异，实现了标准化和文化产品的大量生产，一切产品都可以被机械式地复制出来。进一步讲，不止在大众文化内部，各个不同的行业在经济上都纠缠在了一起，这是整个领域的典型特征。在文化工业社会当中，产品有完备的质量及等级次序，从生产到消费的全部过程都不是为了服务它的使用者的，资本才是真正的绝对的主人。

随之产生的结果便是，整个世界都要经过文化工业的过滤。对于消费文化产品的大众来说，他们对自己的处境并没有什么不满，反而自得其乐。无论在文化产品的生产还是消费环节，对其造成影响的都是经济因素，而与审美、自由无关了。在文化工业的作用下，人们以看似快乐的形式对统治阶级服服帖帖，启蒙倒退为神话。至此，垄断资本主义的统治版图被填上了精神领域这最后一块拼图。

20 世纪 40 年代末，经过审慎的考察，以霍克海默、阿多诺为核心的研究所成员陆续回到德国。这似乎可以作为研究所分化的一个标志——无论是思想上还是团队上。正如歌剧演出一般，辉煌过后就是落幕。《启蒙辩证法》宣告了学派大众文化研究总体框架的建成，证明“哲学和社会科学的联盟”的研究方法是科学且富有成效的，它也标志着马克思主义政治经济学依然是分析批判新形势下垄断资本主义社会本质的最有力的方法武器。虽然《启蒙辩证法》完成之后，学者们并没有放弃对大众文化的进一步研究，阿多诺、马尔库塞等对于工具理性在资本主义社会统治过程中的作用等问题也做了更为深入的剖析，但受工作或生活处境变动、资金支持不足以及研究兴趣转移等因素的影响，研究所此后愈发松散，作为集体项目的资本主义大众文化研究很难再得以推进了。或许是研究环境不同所致，留在美国的学者对于大众文化的研究最后得出了相对乐观的结论，而回到德国的学者们却依然不改其失望的判断。但学者们的分化只是观点、态度的不同，基于政治经济学批判理论进行跨学科研究这一共同取向却始终未曾改变。

第二章 “英国马克思主义”对历史唯物主义的再发现

“英国马克思主义”是在英国新左派运动的形成、发展和终结过程中逐渐发生和发展起来的。在第一代新左派和第二代新左派的代际张力作用下，它经历了从一元统一、二元对峙到多元并存的历史嬗变。“英国马克思主义”的独特理论道路就在于它主要不是通过抽象的理论化而是通过分布于具体学科中的学术研究，来完成自己的理论创新的。在“英国马克思主义”传统中，只有很少的人具有哲学背景，绝大多数人都是从事具体的人文社会科学研究的学者。但为什么恰恰是这批学者在社会形态理论、阶级理论、国家理论、文化理论和意识形态理论等方面对历史唯物主义做出了深化与发展呢？究其原因大致可以归纳为以下三点：首先，较之于那些深受“教科书体系”影响的英国马克思主义哲学工作者，他们较少受缚于教条主义的观念，能用恰当的历史唯物主义原理来引导“哲学和社会科学的联盟”；其次，他们能够克服狭隘的门户之见，以开放的姿态吸收、综合各种有益思想资源，使“哲学和社会科学的联盟”获得更加坚实的基础；第三，他们能够打破僵化的学科壁垒，善于通过跨学科研究达成问题的解决。

第一节 “英国马克思主义”理论传统的兴起

在20世纪70年代以来的国外马克思主义理论图景上，英国马克思主义者群体的异军突起和大放异彩是一个特别引人注目的学术事件。他们活跃在人文社会科学的许多领域，用具有世界性影响的学术著作彻底改变了英国的马克思主义“理论贫困”的旧貌，使之一跃成为可以和德法抗衡的、新的理论输出国。事实上，“英国马克思主义”理论传统是一个非常晚近的发明，其兴起大体上可以追溯到第二次世界大战前后。今天，我们对“英国马克思主义”的历史与理论道路进行一种总体审视，以期说明：

“英国马克思主义”尽管在多重张力的作用下经历了从一元统一、二元对立到多元并存的嬗变，却仍然构成了一种能够自我认同的理论传统。更加重要的是，他们这样一种尝试对于打破固有的学术成见，探寻一种新的理论创新路径具有很好的启示作用。

一、理论形成的原因

英国是马克思和恩格斯的“第二故乡”，马克思主义正是在这里走向成熟和丰富，进而走向世界，成为一种改造世界和创造历史的精神力量的。英国左派与马克思主义的理论渊源可以追溯到1881年的“社会民主联盟”和1885年的“社会主义同盟”，特别是马克思和恩格斯的同时代人莫里斯，但莫里斯主要是一个文学家和艺术家，他并没有留下可以供后世英国马克思主义者直接继承的理论遗产。在马克思和恩格斯生活的时代及之后相当长的时间里，英国乃至整个英语世界都没有能够确立自己的马克思主义理论传统，也基本上没有出现有重要影响的马克思主义理论家。原因何在呢？

首先，缘于语言的屏障。马克思和恩格斯主要使用德文进行埋论创作，尽管他们也曾用英文在英国和美国的报刊上发表过若干文章，但真正能够代表其革命性思想的大部分代表作却长期缺乏英译本，这给英国人理解和接受马克思主义造成了实质性障碍。按照苏联学者列文的研究，在恩格斯逝世前，在马克思和恩格斯的重要著作中被精心英译出版的只有《资本论》第一卷(1887)、《共产党宣言》(1888)、《关于自由贸易的演说》(1889)、《社会主义从空想到科学的发展》(1892)和《英国工人阶级状况》(1892)等五种。[①] 这对于英国学者完整准确地理解马克思主义，尤其是其哲学基础、历史观和方法论等来说显然是远远不够的。恩格斯逝世后，马克思和恩格斯著作的英译工作时有中断，幸而并没有停止。1920年英国共产党成立后，这项工作得到了有力的体制保障。为了在英语世界传播与宣传马克思主义，20世纪20年代以后，英国共产党和苏联共产党曾编译出版过一些流传颇广的马克思和恩格斯著作选本，其中比较著名的

① 列文:《马克思恩格斯著作的发表和出版》，周维译，生活·读书·新知三联书店，1976年，第109—113页。

有《马克思文选》(1926)、《马克思恩格斯通信选》(1934)、《马克思主义、民族性与战争》(1934)、《马克思恩格斯著作选集》(1935)、《马克思恩格斯论西班牙革命》(1939)等，这些选本为马克思主义在英国的传播与发展做出了不可磨灭的贡献。但同时也必须指出，这些选本由于普及性不够，专题面较窄以及政治意味过强等，事实上无法满足人们完整准确地理解马克思主义理论的需要。在英国，能够比较方便地获得马克思和恩格斯主要理论著作(特别是哲学著作)的英译本(尤其是全译本)，基本上是 20 世纪 60 年代以后的事情了。《1844 年经济学哲学手稿》的第一个全译本出现于 1959 年，经常使用的全译本则出现于 1963 年;《关于费尔巴哈的提纲》和《德意志意识形态》的全译本出现于 1968 年;《1857—1858 年经济学手稿》的选译本出现于 1964 年，全译本出现于 1973 年……这对于英国马克思主义理论传统的形成与发展的客观制约是显而易见的。

其次，在于改良主义的制约机制。19 世纪以后，改良主义压倒激进主义成为英国社会的主流意识形态，这内在地制约了主张革命的马克思主义在英国的传播与发展。在 20 世纪五六十年代关于英国工人阶级的革命性争论中，以佩里·安德森为代表的第二代新左派曾偏激地认为英国工人阶级乃至英国人从来都没有革命性。这一观点遭到了希尔、汤普森等老一代英国马克思主义历史学家的反对，他们以翔实的历史研究证明:英国人民也曾激进过、革命过，虽然在进入 19 世纪之后，这种激进的革命传统逐渐消失了。以英国马克思主义历史学派的这种研究为基础，近年来，不断有历史学家重新发现了 19 世纪英国的激进主义思潮和运动，但一个不争的事实是:19 世纪后半叶，改良主义已经决定性地压倒了激进主义，成为英国社会乃至英国工人阶级中的主流意识形态。结果，直到 1881 年，英国才出现第一个马克思主义社团“社会民主联盟”，仅仅 4 年后，该组织就因为“改良还是革命”的争论发生分裂，莫里斯、燕妮·马克思等坚定的马克思主义者退出该组织，成立新的组织“社会主义同盟”。然而，不管是“社会主义同盟”还是“社会民主联盟”以及后来的“独立工党”，马克思主义组织在英国的社会影响和政治影响都非常有限，即便后来英国共产党成立之后，情况也没有发生实质性的变化。1924 年，英国共产党响应第三国际的号召，申请集体加入主张改良的英国最大的工人政党——英国工党，结果，工党年会非常明确地表决反对这项议案，并向英国共产党(不管是政党还是个人党员)牢牢地关上了大门。在这样的意识形态环境下,马克思主义在英国生存尚且不易,发展就更无从谈起了。

最后,在于苏联教科书体系的直接影响。英国共产党是1920—1921年在苏联共产党和第三国际的支持下,由英国原有的几个主要的马克思主义组织合并重组而成的。这是一个真正意义上的工人阶级政党,其党员主体和党的领导人都是产业工人。英国共产党在政治上和理论上长期追随苏联,因此,它既无对马克思主义进行理论创新的需要和动力,坦率地说,也没有这个能力——对于大多数工人党员而言,学习和领会马克思主义的基本原理本身就是一件很困难的事情,就更不用说创新和发展了。

正是在以上因素的制约下,在相当长一段时间内,马克思主义在英国都处于十分冷门以及被教条式理解的尴尬情境中。直到20世纪30年代之后,情况才逐渐发生改变。

二、理论创新的外部保障

虽然从表面的发展轨迹看,英国共产党不具有进行马克思主义理论创新的需要、动力和能力,但事实上,英国马克思主义理论传统的形成却又是和英国共产党紧密联系在一起的。20世纪30年代,英国马克思主义理论走上了其极富创见性的理论创新道路,在新的社会发展阶段,从多学科、多角度丰富和发展了马克思主义方法论。“英国马克思主义”的成功使整个英美学术界都为之一振。应当指出的是,知识分子们理论上的成功固然源于个人的学术努力以及对历史变革背景下英国本土情势的密切关注,但就外部环境来说,英国共产党作为一个明确的马克思主义政党,它为知识分子党员的理论创新所提供的重要的组织保障、目标指引和实践平台也是不可或缺的。

1933年以后,英国共产党顺应历史发展的趋势,改变以往的极“左”路线,执行正确的统一战线政策,有效地改善了自己在英国国内的政治形象,增强了自己对知识分子的吸引力。英国共产党在成立的最初8年间(1920—1928年),严格执行共产国际的指示,采取与工党积极合作的路线,结果以失败告终。1928年后,英国共产党又执行共产国际“阶级对抗”的极“左”路线,严重损害了自身的发展。1933年,希特勒上台后,共产国际开始调整自己的路线,执行统一战线政策,领导反法西斯斗争。英国共产党忠实地执行共产国际的指示，领导英国国内的反法西斯斗争，积极支持西班牙内战，极大地提升了英国共产党的政治吸引力和道德影响力。

首先，英国共产党是马克思主义知识分子理论创新的组织保障。马克思主义理论的创新发展离不开对马克思主义的信仰，在形成马克思主义世界观的过程中，英国共产党发挥着不可替代的组织保障作用。在这一时期的四位马克思主义知识分子当中，多布、贝尔纳和莫尔顿都有着剑桥求学的经历，其中，多布 1919—1922 年在剑桥大学学习期间，广泛阅读了马克思主义的书籍，并受到剑桥大学内英国共产党党员的影响，成为大学中共产主义群体招贤纳士的“伯乐”，并于 1922 年加入成立不久的英国共产党，在四人当中最早成为马克思主义者。贝尔纳在亨利·迪金森、雷蒙德·波斯特盖特等人的影响下，逐步从一个民族主义者成为民主社会主义者，并于 1923 年加入英国共产党，尽管他于 1934 年退出了，但始终保持着对马克思主义的坚定信仰和对社会主义的不懈追求。莫尔顿 1921—1924 年在剑桥大学读书期间，加入了劳工俱乐部，并受到艾伦·哈特和艾弗·蒙塔古的影响，成为一名左翼知识分子，此后在英国共产党党员查利·伊斯顿、维克托·诺伊堡等人的影响下，加入英国共产党。考德威尔虽然没有剑桥求学的经历，但他也在英共党员彼尔德夫妇的影响下，从一名资产阶级知识分子成长为马克思主义者，并加入英国共产党。不难看出，英国共产党的成立，为英国的马克思主义者提供了重要的组织保障，成为英国共产党党员后，他们像磁石一样影响并吸引着身边的左翼知识分子加入马克思主义者的行列，成为英国共产党的一员。

其次，英国共产党提供了马克思主义理论创新的实践平台。在实践中，英国的马克思主义知识分子不断强化问题意识和本土意识，最终找到了理论和实践相结合的正确道路。具体来说，20 世纪 30 年代的马克思主义知识分子都不是书斋里的“纯理论家”，而是天然的社会活动家，他们在从事理论研究的同时，还承担了大量的党务和社会政治活动。贝尔纳参加过诸如罢工、游行抗议等街头政治活动，更是在科学领域的政治工作中投入了大量的精力，是地地道道的“红色科学家”；考德威尔担任过白杨树地区的支部书记，并组织领导了白杨树支部的一系列反战争、反法西斯主义运动，在 1937 年 2 月的马德里保卫战中更是将生命奉献给了共产主义事业；多布是英国工人运动、反战运动的积极分子，更在英国共产党党内担任过领导职务;莫尔顿担任过《工人日报》的副主编、记者,参与过“反饥饿大游行”,是英国共产党东安格利亚区委员会的重要成员,长期负责党员教育工作。正是这些实践经历,使他们进一步清醒地意识到:马克思主义具有实践性的显著特点,只有立足本土实际解决现实问题,马克思主义理论的创新才有价值。

再次,英国共产党的支持、理解和包容,在一定程度上推动了马克思主义的理论创新。英国共产党一方面在政治上和理论上长期追随苏联,将斯大林主义作为党的指导思想,另一方面党内却在总体上具有相对宽松的政治氛围,对于不同于党内正统的声音并没有极力打压,而是支持并鼓励党内知识分子结合实际,开展学术研究,进而产出了一批具有代表性的理论创新成果。反观同一时期英国工党领袖哈罗德·拉斯基的理论活动,尽管其曾经一度倾向于马克思主义,并为形成“一种将马克思主义基本理论与英国实际问题相结合的优良风气,以及发掘马克思主义哲学中能够激活英国本土经验并使其与英国的哲学传统很好的融合起来的理论原则”开辟了道路①,但由于其教条主义地对待马克思主义的某些基本原理,在无产阶级专政与议会制度的问题上,走向了多元主义与马克思主义的辩证张力阶段,最终背离了马克思主义。事实上,拉斯基之后的工党更是对马克思主义表现出了一种拒斥的态度,对于马克思主义的理论创新就更无从谈起了。

一言以蔽之,贝尔纳、考德威尔、多布和莫尔顿无一例外地坚持将马克思主义本土化、民族化,坚持用马克思主义的立场、观点和方法来解决具体问题,这在斯大林主义占意识形态主导地位的英国共产党党内是难能可贵的。从实践上看,马克思主义在英国是不成功的,英国共产党在英国政坛上始终是一个小党,党员最多时也只有 56 000 人,在英国下院最多时也只有两个议席。但从理论上看,20 世纪 30 年代英国共产党党内知识分子党员的理论创新却从根本上改变了英国没有原创性马克思主义理论著作的局面,为“英国马克思主义”理论传统的形成开了一个好头。

① 张一兵:《当代国外马克思主义哲学思潮(中卷)西方马克思主义的科学主义思潮·法兰克福学派和英国“新左派”》,江苏人民出版社,1998 年,第 406 页。

三、理论研究的多维探索

在英国共产党发生转变的同时，原本自由主义占据主导地位的英国知识界也发生了重要改变。在资本主义经济危机、战争威胁、法西斯主义的统治和西班牙内战、苏联社会主义建设取得巨大成功等因素的共同作用下，英国知识界原有的价值观念体系从根本上被动摇，深刻的文化危机由此形成。在这种背景下，法西斯主义成为自由主义的直接对立面，共产主义则因为其日益彰显的政治吸引力和道德影响力成为对自由资本主义现实不满的知识分子的替代选择，于是，1933 年以后，数量众多的各个领域的知识分子陆续加入英国共产党，英国共产党的党员人数开始稳步增长，党员质量得到提高。

20 世纪 30 年代中期以后，英国共产党内出现了一股学习、研究马克思主义理论的潮流，在几年后出现了一批卓有成就的理论家并产出了一批具有创造性的理论成果。这其中最有价值的主要是考德威尔的《幻象与现实》、多布的《政治经济学与资本主义》、莫尔顿的《人民的英国史》，以及贝尔纳的《科学的社会功能》等。

克里斯托弗·考德威尔是克里斯托弗·圣约翰·斯普里格的笔名，他 1907 年出生于英国一个中产阶级家庭，曾先后在报社和出版社工作，且成绩出色。1933 年以后，考德威尔转向文学创作，先后出版了 7 部侦探小说和 1 部长篇小说，以及一些诗歌和短篇小说。1934 年底，考德威尔接触到马克思主义著作便立刻被吸引，并由此转向马克思主义。随后，他以极其旺盛的精力投入文学理论研究，试图创立一种马克思主义的文学批评理论，其最终成果就是他于 1935 年 11 月完成的《幻象与现实》。1935 年 12 月，考德威尔加入英国共产党，并成为党内活动的积极分子。1936 年西班牙内战爆发，考德威尔响应英国共产党的号召，远赴西班牙加入战斗，后于 1937 年 2 月 12 日在保卫马德里的战斗中英勇牺牲。也正是在这一年，《幻象与现实》出版。在该书中，考德威尔运用唯物史观的基本原理，在英国近现代经济发展的宏大背景下，揭示了物质生产方式与英国近代诗歌的形成、发展、转化及其艺术表现形式之间的辩证关系。客观讲来，《幻象与现实》的结构比较凌乱，这是由于考德威尔在马克思主义基本原理的运用上还比较生涩，有时甚至相当机械，但我们必须看到，他开创性地研究了文学形式与社会经济过程之间的关系以及文学的社会功能问题，是英国战前唯一一位真正具有原创性的马克思主义者。

多布是战后形成的英国马克思主义历史学派的早期核心成员。早在1919年进入剑桥大学之前，他就因为读了马克思的书而转向社会主义，并于1922年加入英国共产党，这在当时是极其罕见的。1922—1924年间，多布在当时英国左派的大本营伦敦经济学院读研究生，进而成为一个马克思主义者。1924年后，多布回剑桥大学任经济学讲师，并于1925年、1928年分别出版了两本关于资本主义企业和苏联经济发展的著作。《政治经济学与资本主义：经济学传统论文集》是多布的成名作，该书的重要性在于：在庸俗经济学占据主导地位的情况下，系统揭示了马克思的政治经济学与英国古典政治经济学传统之间的继承与扬弃关系，并用马克思的政治经济学基本原理对资本主义的危机和当代发展以及现代经济学的庸俗化问题进行了深入系统的解释。自出版之后，该书曾反复再版，为英国马克思主义者完整准确地理解和掌握马克思的政治经济学及其唯物史观提供了一本高水平的教科书。

莫尔顿作为英国马克思主义历史学派的早期成员之一，从今天的角度看，他所著的《人民的英国史》或许过于通俗，甚至过于简单化了，但这却是英国历史上第一部马克思主义史学著作。在这部作品当中，唯物史观不仅首次被运用于对英国历史的研究，而且更加重要的是，一种完全不同于英国传统史学的、符合唯物史观基本精神的、“自下而上”的历史观念已经呼之欲出。值得一提的是，英国共产党内的“共产党历史学家小组”，即英国马克思主义历史学派的前身，当年就是为了研讨《人民的英国史》的修订事宜而发起成立的，就此而论，该书可以称得上英国马克思主义历史学派的“摇篮”。

贝尔纳是英国当代著名的物理学家，也是20世纪30年代早期加入英国共产党的知识分子党员。他1939年出版的《科学的社会功能》一书，通常被视为科学学或科学社会学的开山之作，但该书的马克思主义理论价值则基本上被忽视了。然而我们需要知道，该书之所以能够取得重大成功，就在于它遵照唯物史观的基本原理，摒弃科学是一种纯粹的、超越世俗的东西的传统假象，将科学还原为一种社会现象，进而在社会经济政治发展与科学的历史互动中，揭示出科学发展的社会逻辑及其社会功能的历史变迁。

值得思考的是，为什么 20 世纪 30 年代英国马克思主义的理论创新是由来自自然科学、文学、经济学、历史学等非哲学领域的英国共产党党内知识分子实现的，而更熟练掌握马克思主义"本本"的英国共产党党内的哲学家们却鲜有建树呢？究其缘由，就在于尽管贝尔纳、考德威尔等人接触的马克思主义的著作并不算多，也没有将研究成果用体系化的理论形式来总结，但是他们将马克思主义哲学的本质理解为科学的革命的方法论，始终立足英国的历史、现实与理论传统，始终秉承着强烈的本土意识和问题意识，将马克思主义的基本原理与英国实践相结合，形成能够解决英国问题的具体理论，从而摸索出一条坚持和发展马克思主义的正确道路。与之形成对比的是，当时英国共产党党内的哲学家们，尽管掌握的马克思主义理论更多，但大多受到斯大林主义式的马克思主义的影响，将马克思主义哲学理解为包罗万象的体系，试图直接照搬照抄马克思主义的"本本"，将马克思主义教条化、神圣化，背离了马克思主义的基本精神；这种固守教条的理论研习方式，必然无法在理论发展上探出新路。

四、对研究方法的再塑造

按照原有的发展趋势，"英国马克思主义"理论研究模式原本在 20 世纪 40 年代早期就可以基本形成，但第二次世界大战的爆发中断了原有进程，从而使它的正式兴起延迟到了战争结束之后。直到 1946 年，"共产党历史学家小组"的成立，才对英国马克思主义研究方法的创新起到了关键性的作用。令人好奇的是，在马克思主义研究方法再塑造的过程中，为什么发挥重要作用的却是历史学家团体呢？从主观条件上看，这是因为英国历史学具有良好的社会主义传统，受这一传统的影响，英国共产党内部聚集了一批充满活力的青年历史学家。20 世纪上半叶，英国哲学的主流是分析哲学，经济学的主流则是马克思所说的庸俗经济学，这两者从根本上讲都是反对马克思主义的。与此不同的是，经过韦伯夫妇、柯尔、托尼等费边社历史学家的努力，从 19 世纪末期开始，英国的社会主义史学传统逐渐形成并产生越来越大的影响。一批学术功底扎实的青年学者愿意团结起来，为共同的理想信念开展学术研究，除了较为著名的汤普森、霍布斯鲍姆、希尔、多布、莫尔顿等人外，还有汤普森的妻子多洛西·汤普森、希尔顿、基尔南、汤姆森、哈里森、萨缪尔和鲁德等。尤其重要的是，这批青年人还找到了自己的导师——英国共产党资深党员托尔。托尔不仅是一位历史学家，还是英国共产党的创始党员，同时也是《马克思恩格斯通信选》和《马克思主义、民族性与战争》选本的编辑。正是在她的指导下，“共产党历史学家小组”成员从原著而不是苏联马克思主义教科书出发，系统地学习、研究了马克思主义基本理论，并对马克思主义历史编纂学进行了卓有成效的开拓。

从客观条件上讲，第二次世界大战结束后的两次学术争论也将“共产党历史学家小组”历史性地推到了风口浪尖。1946 年，多布出版《资本主义发展研究》一书，贯彻唯物史观的基本精神，从经济史的角度对作为社会形态的封建主义和资本主义首次进行了系统研究。结果，该书在马克思主义阵营内部引发了一场关于从封建主义向资本主义过渡的大讨论，“共产党历史学家小组”也由此为人所知。几年后，以哈耶克为代表的一批自由主义经济学家和历史学家质疑 19 世纪以来社会主义史学家关于工业革命时期英国工人阶级生存状态急剧恶化的传统观点，认为当时工人阶级其实也是工业革命的受惠者，他们的生存条件不仅没有恶化，反而是处于不断改善之中的。此论一出，立即引发一场大争论，霍布斯鲍姆等“共产党历史学家小组”成员也随即加入论战，当仁不让地承担起了领导批判的责任。也正是在这两次论战过程中，曾一度中断的对英国本土马克思主义研究方法的探索得以重新开始并逐渐定型，得到了越来越多的认同，成为一种典型的马克思主义哲学道路创新的成功案例。当然我们必须承认，对于英国马克思理论的创新发展而言，“共产党历史学家小组”的贡献虽然是最大的，但它并不是唯一的。作为一位文学理论家，雷蒙·威廉斯与同时期的“共产党历史学家小组”相互呼应，在这一研究方式的摸索过程中发挥了同样重要的作用。

那么具体来说，“共产党历史学家小组”或者说英国的马克思主义历史学家们在其本土马克思主义哲学创新道路上究竟提供了什么呢？

首先，他们秉承英国的经验论哲学传统，注重运用唯物史观研究具体的历史问题与现实问题，拒绝抽象的理论建构，从而使英国的马克思主义者对体系化的苏联马克思主义的教条主义产生了免疫力。作为英国共产党内部的一个理论组织，“共产党历史学家小组”成员本身是希望和努力与苏联马克思主义正统保持一致的，但作为一群英国知识分子，他们又自觉地继承了英国的经验论哲学传统，习惯于运用唯物史观去研究具体的历史问题与现实问题，不擅长或者拒绝进行大而化之的抽象理论建构。这意味着他们在未必自觉的情况下正确地把握和突出了唯物史观的方法论本质，导致他们对马克思主义理论的真理性形成了一种完全不同于苏联马克思主义的理解：作为真理，马克思主义理论应当在解决具体问题的过程与结果中被建构与呈现出来，而不应当作为一个既成的东西存在于具体的研究之前。

其次，他们秉承英国史学研究的实证传统，崇尚具体问题具体分析，从而使英国的马克思主义者在坚持唯物史观基本原理的同时能够避免落入经济决定论的窠臼。“共产党历史学家小组”成员最鲜明的特征就是运用唯物史观的基本原理研究英国近代历史，特别是英国近代工人运动史，但在从事这种研究的时候，他们又很好地继承了英国史学的实证传统，崇尚具体问题具体分析，让证据说话。因此，他们在肯定经济基础决定上层建筑、生产方式的最终决定作用的同时，又充分承认和肯定了上层建筑的反作用，乃至在特定情况下的决定作用。

第三，他们秉承英国社会主义的平民传统，坚持人民史观，注重对普通人民群众及其日常生活的分析与研究，从而将对文化传统的研究提升到了一个新的高度。与德国、法国特别是俄国相比，英国社会主义具有一种深厚的平民传统。“共产党历史学家小组”成员自觉继承这一传统，真正坚持人民史观，将普通人民群众及其日常生活确立为自己的研究中心，从而将以往人文社会科学研究很少关注的文化传统问题放置到了一个非常突出的位置，既深化了对唯物史观的理解，又开拓出了文化研究这一新兴的学科领域。

应当说，“共产党历史学家小组”最大的贡献就在于开创性地探索并部分成功地解决了马克思主义基本原理与英国民族理论传统相结合这个重大课题，从而使马克思主义在英国的理论土壤中得以生根、成长，并最终结出了硕果。

第二节　对理论创新道路的探索

一、代际差异及理论张力

虽然1848年以后马克思和恩格斯一直在英国生活和工作，并且英国共产党也早在1920年就成立了，但是，马克思主义在英国的繁荣和发展却是1956年匈牙利事件和苏伊士运河事件以后的事情了。那时，英国的左派知识分子发起了新左派运动，力图在英国共产党和英国工党之外，寻找坚持和发展马克思主义、推动英国向社会主义前进的“第三条道路”或“第三立场”。正是在新左派运动的发生、发展和终结过程中，“英国马克思主义”逐渐形成和发展了起来。

在“英国马克思主义”的发生、发展及传播过程中，由于生活经历、教育背景以及政治立场的差异，以1930年为界，英国新左派实际上断裂为两个具有明显差异的代际，即所谓第一代新左派和第二代新左派。代际差异的客观存在导致“英国马克思主义”的发生和发展长期处于三种张力下。首先是马克思主义的本土化与国际化之间的张力。第一代新左派强调马克思主义的科学方法论本质，认为只有在马克思主义的指导下科学地认识世界才能革命地改造世界，因此，他们特别注重马克思主义的本土化，主张运用马克思主义分析、解决英国问题，并将马克思主义与英国本土思想资源和理论传统结合起来，以期激发出英国民众的革命热情，创造出美好的社会主义未来。第二代新左派并不反对第一代新左派的这种本土化诉求，不过，他们坚持认为：只有保证马克思主义的科学性，这种本土化才可能结出真正的马克思主义果实；因为英国本土没有科学的马克思主义传统，所以就必须首先通过国际化，建构出这样的马克思主义来。其次是经验研究和理论建构之间的张力。由于历史原因，第一代新左派大多出身于历史学、文学和政治学学科，学科性质、学术传统以及对教条主义的过分警惕，使他们习惯于通过具体的经验研究来展现自己的理论思考。因此，尽管存在系统的马克思主义理论，却缺乏体系化的理论表达。在“西方马克思主义”特别是“结构主义马克思主义”的影响下，第二代新左派主张扬弃第一代新左派的经验性，对理论进行必要的体系化建构。

但矫枉过正,他们有时候在理论建构方面走得过远,以致出现了脱离具体内容的形式主义倾向。最后是学术的现实性和学院化之间的张力。尽管第一代新左派都具有令人尊敬的学院声誉,但他们都不是学院化的学者,都以不同的方式抗拒了学院化对自己的束缚,坚持把学术研究作为批判现实、干预现实的一种介入手段。因此,他们的研究主题和实践主题基本是一致的,这使得他们的研究成果具有一种极为可贵的现实性品格。第二代新左派从内心深处也渴望保持这种现实性,然而,变化了的时代环境迫使他们最终不得不选择学院化的生存方式。这对他们的研究活动和研究成果产生了不可忽视的影响。

二、理论发展的历史嬗变

虽然"英国马克思主义"的形成是1956年以后的事情,但它的孕育却可以追溯到第二次世界大战结束后。那时,后来成为第一代新左派成员的知识分子们陆续从部队复员,重新回到大学校园继续自己的学术生涯。他们自觉延续文学批评家考德威尔、经济史学家多布等早期英国马克思主义学者自20世纪30年代开辟的道路,努力以马克思主义基本理论为指南,研究、解决当代英国人所关注的具体的英国问题。同一时期,英国共产党在政治上和理论上都紧密追随苏联共产党,将斯大林主义作为党的指导思想。尽管上述左派知识分子对此持批评态度,不过,尚处于理论准备期的他们并未与英国共产党的官方理论立场发生正面冲突。新左派运动兴起后,已经完成理论升华的第一代新左派深切感受到批判、扬弃斯大林主义的必要性和重要性。于是,汤普森和威廉斯分别发表论述,对斯大林主义进行了系统性的批判,认为其主要症结在于:以教条主义的方式对待历史唯物主义,忽视、扼杀了历史唯物主义的科学方法论本质;以机械决定论和经济还原论的方式来看待经济基础与上层建筑的相互关系,把辩证的"决定"荒谬地诠释为宿命论意义上的预先确定,进而将文化狭隘地界定为上层建筑的一部分,而没有看到文化实际上是一个由实践所沟通的社会存在与社会意识的统一体,它绝不是单纯被决定的,而是可以在具体条件下发挥客观决定作用的。以这种思想解放为基础,50年代后期至60年代初期,霍加特(《识字的用途:无产阶级生活面面观》,1957)、威廉斯(《文学与社会》,1958;《文化是日常的》,1958;《漫长的革命》,

1961)、汤普森(《漫长的革命》长篇评论,1961;《英国工人阶级的形成》,1963)陆续推出一批重要论著。在这些作品中,他们成功地将历史唯物主义运用于对英国文化问题的研究,就文化的本质及其社会功能提出了全新的认识,从而丰富和发展了马克思主义的文化理论。他们所开启的这种马克思主义传统也因此被称为“文化马克思主义”。就“英国马克思主义”的形成与发展而言,“文化马克思主义”的确立至关重要:作为“英国马克思主义”的原生形态,它的次生形态和再次生形态都是基于对这种原生形态的批判与超越而生发出来的。

对于“文化马克思主义”的确立,大多数第二代新左派都表现出了由衷的欢迎。因为这是他们当时所接触到的最具活力的马克思主义。学习、运用“文化马克思主义”就此成为他们的自觉选择。例如,作为真正意义上的英国文化研究之父,霍尔在其早期著作《通俗艺术》一书中就充分表述了“文化马克思主义”的基本特征,而相同的特征也同样存在于霍尔所实际领导的“伯明翰学派”(伯明翰大学当代文化研究中心)的初期研究中。不过,在从 20 世纪 60 年代初期就开始接触并致力于在英国传播“西方马克思主义”的安德森看来,“文化马克思主义”却是问题重重:在政治上,它是民粹主义社会主义的;在思想上,它是狭隘的文化民族主义的;在认识论上,它是经验主义的;在理论形态上,它是不严格的、非系统的;在对英国文化的认识和对社会主义未来的判断上,它是盲目乐观的。一开始,理解、支持安德森的第二代新左派并不多。但是,随着“西方马克思主义”特别是阿尔都塞的“结构主义马克思主义”的大举登陆,70 年代初期以后,几乎所有第二代新左派都像安德森那样成为“文化马克思主义”的批评者。不仅如此,他们还都在不同程度上经历了结构主义转型,用“结构主义马克思主义”扬弃“文化马克思主义”,建构出了一个与原生形态双峰并峙的次生形态。对“英国马克思主义”的发展而言,第二代新左派的结构主义转型的重要意义在于:首先,它通过引进意识形态理论和霸权理论,实现了对“文化马克思主义”的方法论升级,从而能够更加有效地面对、批判发达资本主义条件下更加复杂的文化现象;其次,它基于多元决定论,把政治国家确立为审视资本主义的历史发展和当代状况的一个新视角,从而对“文化马克思主义”以阶级斗争为中心的“自下而上”的理论视角构成了必要的补充;最后,它大幅提高了“英国马克思主义”的理论化水平，从而使已经积累下来的成果获得了一种比较完备的、更容易传播的理论形态。事实上，主要是通过第二代新左派的工作，80 年代以后，作为一个整体的“英国马克思主义”才逐渐被世界所了解，进而发挥了越来越大的理论影响。

随着“结构主义马克思主义”的异军突起及其与“文化马克思主义”的双峰并峙，20 世纪 70 年代，两代新左派之间发生了激烈的理论冲突。除了“密里本德-普兰查斯之争”和伊格尔顿对威廉斯的批判外，影响最深远的理论对话发生在汤普森和安德森之间：1978 年，汤普森出版《理论的贫困及其他论文》一书，对“结构主义马克思主义”发动了全面进攻；第二代新左派反应强烈，纷纷进行反击，安德森则于 1980 年出版《英国马克思主义的内部对话》一书，以汤普森为中心，对“文化马克思主义”的得失进行了比较理性的分析，同时也对“结构主义马克思主义”的某些主张进行了辩护、澄清和修正。这场论战成为第二代新左派开始反思、调整既有“结构主义马克思主义”立场的起点。就在论战即将进入高潮之际，1979 年，保守党重新执政。在“撒切尔主义”的强力治理下，英国的资本主义重新焕发出了活力，曾经并不遥远的社会主义再次变得遥遥无期。这使以社会主义为目标的新左派运动的存在基础受到严重侵蚀，新左派运动开始走向终结。70 年代就出现的各种亚政治的新社会运动逐渐取代新左派运动成为左派抗争的主要形式。在这种时代背景下，已成为英国马克思主义阵营中坚力量的第二代新左派的政治诉求和理论旨趣不可避免地出现了多元分化。“英国马克思主义”就此进入了一个多元分化发展的新阶段。

20 世纪 70 年代末，柯亨通过引入英美主流哲学和主流经济学的分析方法，创立了“分析的马克思主义”。他另辟蹊径，指责汤普森的论述过于强调主观因素，同时批评阿尔都塞的理论表述太含混，倡导应对历史唯物主义的基本概念和基本理论给予明晰化的再阐释。这一具有英国本土特征的学术流派很快就在本国学院里流行起来。作为对“分析的马克思主义”的理论反动，80 年代以后出现的“批判实在论的马克思主义”和“新辩证法学派”则主张重新恢复马克思主义的本体论承诺。面对晚期资本主义时代社会斗争的巨大变化，80 年代初期，拉克劳和墨菲开始用后结构主义解构、重新激活马克思主义，最终勾画出一种“后马克思主义”多元激进民主图景。这种理论努力在左派阵营中得到同样强烈的赞誉与批判。围绕它所展开的争论成为推动当代“英国马克思主义”继续前进的一种动力。而在对“结构主义马克思主义”立场进行过深刻反思后，八九十年代间，伊格尔顿、霍尔和安德森先后达成了从既有立场向“文化马克思主义”的某种程度的回归，重申了生产方式分析范式的科学性和合法性，并运用该范式对晚期资本主义时代的一些文化现象进行了分析，从而和哈维一起，重新集结在“晚期马克思主义”的旗帜下。

三、探索理论创新

与“西方马克思主义”以及其他当代国外马克思主义思潮相比，“英国马克思主义”有一个非常突出的特点：它主要不是通过抽象的理论化，而是通过分布于具体学科中的学术研究，完成自己的理论创新的。通过学术研究实现理论创新，是对“英国马克思主义”独特理论道路的一种总体描述。具体到不同的学科领域，其形式往往有所不同。

首先，在那些成熟的传统学科领域中，“英国马克思主义”者往往是通过引入历史唯物主义，从而开辟新的学科研究范式，在令人信服的研究工作基础上实现对马克思主义基本原理的传播、深化、丰富与完善的。在这个方面，最好的例证是以汤普森和霍布斯鲍姆为代表的“马克思主义历史学派”。英国具有悠久而强大的历史学传统。不过，这却是一个自由派长期占据主导地位的领域。直到1938年莫尔顿《人民的英国史》出版，这个领域中才第一次响起马克思主义的声音。虽然该书的第一版在理论上比较粗糙机械，甚至有较为浓重的教条主义色彩，但这丝毫不影响它对历史研究的推动作用。1946年，以讨论该书的修订再版为契机，英国共产党内的历史学家们组织了一个“共产党历史学家小组”，开展理论研讨，并筹划、实施马克思主义历史学研究。在这个存在仅十年的小组中，这批马克思主义历史学家们寻找到了一条将历史唯物主义与英国历史（主要是资本主义形成和发展阶段的英国史）研究有机结合起来的成功道路，开创了一种全新的社会史范式，不仅改变了英国史研究的面貌，而且对整个世界史学都产生了重要影响。这种研究范式归根结底就是将马克思主义中以生产方式为基础的社会结构理论和以阶级斗争为核心的历史发展理论融合起来，从普通劳动大众的角度出发，重新审视历史，继而形成一种“自下而上”的历史观，并把阶级斗争作为观察、分析英国资本主义形成和发展的主要角度。他们之所以不像同时代的苏联历史学家那样生搬硬套马克思所阐发的唯物史观，是因为他们清楚地意识到：这种经典论述的社会原型是19世纪中叶以后尚处于资本主义形成和发展过程中的英国社会，它显然不可能直接适用于资本主义制度已经完全建立起来的英国社会。由于他们深入研究了马克思未曾系统研究过，甚至未曾想象过的资本主义发展景象，所以，很自然地，他们在资本主义的过渡问题、资产阶级革命问题、工人阶级的形成和发展问题等方面得出了一些重要结论，丰富、完善甚至修正了马克思主义相关理论。哈维的马克思主义地理学是另外一个具有代表性的例子。作为人文地理学中实证主义流派曾经的代表人物，20世纪70年代初以后，哈维将历史唯物主义引入地理学，在资本主义的生产与再生产过程中重新理解城市和空间，从而实现了地理学的一次革命。

其次，在文化研究这种新兴交叉领域中，具有更大自由度的“英国马克思主义”者则在具体分析当代资本主义文化的生产与再生产过程中，不断选择性地吸收“西方马克思主义”以及其他激进思想的理论资源，先后创造出“文化主义”和“结构主义”两种基本范式，形成了相对系统的理论，从而使马克思主义成为这个全新学科领域的主要“立法者”。作为一门具有广泛影响的新兴学科，文化研究是“英国马克思主义”者在文学、历史学、社会学等学科的相互交叉中创立起来的。它的源头可以追溯到霍加特、威廉斯和汤普森在“文化唯物主义”形成期的那些创造性工作，不过，主体性的建构工作却是由霍尔领导的“伯明翰学派”在20世纪60年代末期以后逐步完成的。在文化研究日益蜕化为一种体制化的实证研究的今天，我们看到，正是因为有了“伯明翰学派”70年代前后的开创性工作，当代资本主义文化（主要是大众文化）才得到了系统的研究，其本质才如此清晰地呈现出来。在此过程中，马克思主义不仅在理论上得到了丰富和发展，其在西方世界的学术影响力也显著扩大了。

此外，即便是在哲学这种最理论化的学科中，“英国马克思主义”者也主要以学术研究的形式，通过对马克思的著作与思想的精确分析与当代重构，使自己的理论认识得到呈现。在“英国马克思主义”中，哲学性质最强的当属柯亨开启的“分析的马克思主义”传统。它在理论上坚持两条：

一是强调生产力和生产关系在历史唯物主义中的决定作用，二是认为历史唯物主义是一种功能解释。不过，客观地讲，它主要不是作为一种哲学理论，而是作为一种学术研究方法为人所熟悉和接受的，即运用分析哲学的逻辑分析和概念分析方法，祛除传统欧陆马克思主义研究中的语义逻辑混乱，使马克思的思想获得必要的清晰性和精确性。换言之，该传统在理论上的重要性并不在于它自己的理论，而在于使历史唯物主义成功地进入分析哲学传统中，进而呈现出自身的哲学意义。

尽管通过学术研究实现理论创新是“英国马克思主义”主要的理论道路，但 20 世纪 70 年代以后，在“西方马克思主义”及其后结构主义的影响下，也出现了另类的道路选择，例如“后马克思主义”的理论思辨性就非常强。不过，必须看到的是，一方面，“后马克思主义”的理论抽象是建立在对当代资本主义阶级结构和社会斗争的新变化的深入研究基础上的；另一方面，尽管“后马克思主义”的出现在“英国马克思主义”内部引起了剧烈震荡，但它无意实际上也并没有挑战“英国马克思主义”的主要理论道路。

四、理论创新的意义

经过一段时间的大胆尝试和理论总结，“英国马克思主义”者在学术研究领域逐渐摸索出了一套适用于本国社会形态的、可用于解释和分析发展中遭遇的具体问题的理论方法，即“哲学和社会科学的联盟”的科学方法。由于社会发展形态的不同以及学者们在理论背景上的差异，虽然他们与德国法兰克福学派学者一样，都意识到了在新的历史发展阶段需要对马克思的科学理论做出与时俱进的理论发展，同时也都把握了马克思主义理论联系实际的科学内核，但在具体的操作方式上，英国学者则更加偏向于实际的理论应用，这与英国惯有的经验主义理论传统是一致的。

总体来看，“英国马克思主义”的理论创新主要体现在以下两个方面：第一，通过批判、反思斯大林主义的理论局限，历史唯物主义彻底摆脱了经济决定论的束缚，重新恢复了自己的实践本质，进而获得了一种具有英国本土特色的重构形态，从而有力地促进了历史唯物主义在英语世界的广泛传播；第二，依据坚实的学术研究，在社会形态理论、阶级理论、国家理论和文化理论这四个主要领域,实现了对历史唯物主义的深化与发展。那么,"哲学和社会科学的联盟"对英国马克思主义的理论创新有什么意义呢?

哲学与社会科学等具体科学的关系问题是长期以来学术界热议的话题,不同学派有着不同的理解。马克思主义认为哲学和社会科学等具体科学的关系是辩证的,既有区别又有联系,哲学是社会科学等具体科学的指导,社会科学等具体科学是哲学的基础。第一,哲学依赖于社会科学等具体科学,社会科学等具体科学的进步促进了哲学的发展,给哲学提供了新的知识源泉。如果哲学不吸取并总结社会科学等具体科学的成果,那么作为一种最抽象和最概括学问的哲学,它将失去自身存在的基础。第二,社会科学等具体科学的发展不可能没有哲学的指导,哲学给予社会科学等具体科学以世界观和方法论的指导。没有这种指导,科学家就会失去工作的方向,就会连一些简单的事实也联系不起来,更不用说建立科学的理论体系了。不难看出,正是在厘清了哲学与社会科学等具体科学的辩证关系的基础上,马克思主义哲学才不再像过去的体系哲学那样,只满足于思辨构建和内部化的发展,而是超越自身的抽象性,走上"哲学和社会科学的联盟"的道路,与具体的实证科学相结合,以非哲学化的方式走向现实,走向实践,成为研究现实世界、解决现实问题的方法指南。

应该看到,英国共产党内知识分子党员选择这条道路并不是教条地盲从,而是经过了一系列理性探索之后的选择。比如,贝尔纳、考德威尔都曾对弗洛伊德的精神分析学说着迷,尝试将心理学与自然科学、文学相结合,用精神分析学说来提供方法论的指导,但在试错之后,他们最终选择了马克思主义。他们没有狭隘的门户之见,而是以兼容并蓄的态度,吸收借鉴当时英国各种有益的思想资源以服务于学术探索。虽然都是专家学者,但他们不是"学院派",很少受到学科壁垒的束缚,能够自由地游走在各个学科之间,通过跨学科研究解决问题,在经历了一系列比较、鉴别、试验之后,最终找到了"哲学和社会科学的联盟"这条正确道路。

第三节 工人阶级运动史的范式创新

20 世纪 90 年代苏联解体，世界范围内社会主义运动陷入空前低潮，这带给英国共产主义的震荡也是前所未有的。在这一时代背景下，马克思主义在英国学术界的信誉度直线下降。但艾瑞克·霍布斯鲍姆不改其志，坚持理论发声，是英国马克思主义在当时践行“哲学和社会科学的联盟”这一理论创新道路当之无愧的标志性人物，也历史性地成为马克思主义在当代西方最重要的发言人之一。

霍布斯鲍姆坚持创作近 70 年，著作卷帙浩繁，社会关注度最高的是他关于 19 世纪、20 世纪的年代四部曲：《革命的年代》《资本的年代》《帝国的年代》和《极端的年代》。但令霍布斯鲍姆能够载入史册并奠定其学术地位的，则是他基于 19 世纪社会史特别是工人运动史所完成的对工人阶级运动史的创新性研究。在其 1957 年出版《原始的叛乱》之后，关于 19 世纪、20 世纪底层民众社会反抗、社会运动的著作才如雨后春笋般地涌现出来。正如人们普遍注意到的那样，霍布斯鲍姆的工作不是孤立的，而是从属于一个集体的，即英国“共产党历史学家小组”（以下简称“小组”）。关于“小组”这样一个研究集体，盖伊在其著述的《英国的马克思主义历史学家》中曾给予了比较中肯的评价：“作为一个整体，他们的著作代表了一种理论传统，这种传统通过我所说的‘阶级斗争分析方法’和‘自下而上的历史观’来寻求重新建构历史研究和历史理论…… 从而发展了马克思主义或历史唯物主义。”[①]霍布斯鲍姆作为组织的一分子，在“英国马克思主义”“发展马克思主义或历史唯物主义”方面，发挥了一种关键的中介作用：基于“自下而上的历史观”和“阶级斗争分析方法”，实现工人阶级运动史研究的范式创新，从而为后来的“英国马克思主义”者在工人阶级理论上的进一步创新奠定了基础。

---

① Harvey J. Kaye, *The British Marxist Historians: An Introductory Analysis*, Polity, 1984, p. 221.

一、开启群众史观研究

群众史观当是唯物史观的应有之义。早在1844年的《神圣家族》中，马克思恩格斯就指出："历史活动是群众的活动，随着历史活动的深入，必将是群众队伍的扩大。"①晚年恩格斯更是明确指出，"构成历史的真正的最后动力的动力"，"与其说是个别人物、即使是非常杰出的人物的动机，不如说是使广大群众、使整个整个的民族，并且在每一民族中间又是使整个整个阶级行动起来的动机"。② 那么，人民群众究竟怎样创造历史？在"小组"之前，马克思主义历史学家们除了大声重复马克思恩格斯的基本观点外，几乎没有采取什么实际行动来回答这个问题。导致这种"不作为"局面的原因主要有两个。一方面，在20世纪特别是19世纪之前，人民群众的创造活动并没有被系统地记录和保存下来，这就使得历史学家们找不到或者说失去了可以据以研究的文献资料。另一方面，此前的马克思主义者在观念上希望落实群众史观，但在史学方法上依旧陷于传统史学的窠臼，以精英人物为中心开展宏观的政治史学建构，而这种研究范式内在地将人民群众的历史活动排除在自己的视野之外。因此，只有克服上述制约，尤其是传统研究方式的制约，马克思主义才能将群众史观落实为群众史学，将人民群众的历史创造活动呈现在世人眼前。在此过程中，研究范式的决定性突破是由霍布斯鲍姆完成的。

霍布斯鲍姆的工人运动史研究新范式由两个部分构成。一个部分是"小组"坚持的"阶级斗争分析方法"。"阶级斗争分析方法"的再发现应当归功于多布。早在20世纪30年代末期，他就确证，阶级斗争分析并不是任何思想家的臆造，而是19世纪资本主义社会发展所呈现出来的一种自我认识的客观主张。不仅如此，它还同样适用于对当代资本主义的经济与社会分析："19世纪，这个观念通过社会思想家和社会史学家试图把握的那些事实的影响，日益将自身强加到这些人的思想中去；今天，作为理解当今世界主要政治冲突，甚至观念冲突的锁钥，这个观念强力吸引了政治理论家和道德理论家的注意力……当社会史研究得到深化、当代史不

① 《马克思恩格斯文集》第一卷，人民出版社，2009年，第287页。

② 《马克思恩格斯选集》第四卷，人民出版社，1995年，第249页。

断展开时，这个观念变得日益显而易见。”①在 1946 年的《资本主义发展研究》中，他运用阶级斗争分析方法对从封建主义向资本主义的过渡问题进行了具有示范性的探索。

霍布斯鲍姆对于这一新的研究范式的贡献在于：第一，将阶级斗争分析方法运用于工人运动史研究，力图探索普普通通的底层群众的阶级斗争是如何影响历史进程、创造历史的；第二，将阶级斗争分析方法推进到意识形态领域，揭示了宗教观念和仪式、政治观念、社会习俗和心态等在工人阶级运动中的作用；第三，验证了阶级斗争分析方法在世界其他国家地区的广泛适用性。

另外一个部分是与“自下而上的历史观”相匹配的研究方法体系。每一种历史学研究都有自己的技术问题。技术问题解决得越好，相应的研究就会越成熟。此前，群众史观之所以长期不能落实为群众史学，重要的原因就在于未能形成一套匹配的研究方法体系，以支撑“自下而上的历史观”。就工人阶级运动史研究新范式的形成而言，霍布斯鲍姆最大的贡献或许就在于在批判吸收既有历史学技术的基础上，建立了一套完整的研究方法体系：第一，必须超越 19 世纪史学观念的束缚，到底层民众的生活中去发掘可以使用的原始资料，然后进行费时费力费钱的鉴别研究，如他所说，这种研究不像在河床上捡钻石那样简单，而更像需要大量资金和高技术投入的现代钻石或黄金开采业；第二，对口述史等新兴历史技术进行必要的方法论反思，确保不将普通人的记忆神话化；第三，寻找并运用那些简单记录了必然包含某种观点的行为的资料，这种资料因为具有盖棺定论的功效，所以堪称完美，例如根据一个人的墓志铭而非其誓言来判断其宗教观；第四，回到历史，建构或重建一致的，特别是连续的行为和思想体系，对人们的观念和行为进行符合时代特征的解释，以避免历史学家的最大危险，即防止犯下“时代错误”。此外，在文化人类学的影响下，霍布斯鲍姆也愿意尝试田野调查，据此增强自己研究的现场感和可读性。

二、工人阶级运动的新观念

《原始的叛乱》之后，霍布斯鲍姆的工人运动史研究逐渐进入高潮，他

---

① Maurice Dobb, “The Economic Basis of Class Conflict”, in Maurice Dobb, *On Economic Theory and Socialism*, Routledge and Kegan Paul, 1960, pp. 93 - 94.

发表、出版了相当数量的作品。这些作品大体可以分为三类。第一类主要聚焦19世纪英国工人阶级的政治文化观念、生活习俗传统及它们对工人阶级的形成、发展和工人运动的影响,代表性作品是《劳动的人:劳工史研究》《劳动的世界:劳工史再讨论》。第二类是对世界范围内工业化进程中农民、匪徒等底层民众抵抗运动的探讨,代表性作品有与乔治·吕德合作的《斯温队长:1830年英国农业暴动的社会史》《匪徒:秩序化生活的异类》以及《非凡的小人物:反抗、造反及爵士乐》。第三类是从世界史的角度对工人阶级运动的一般性评述,这集中体现在19世纪三部曲《革命的年代》《资本的年代》和《帝国的年代》的相关章节中。正是在这些历史论述中,霍布斯鲍姆对工人阶级的阶级意识和历史形成、资本主义工业化过程中底层民众"原始"的阶级斗争、英国工人阶级运动的现状等形成了比较完整的认识。

在1847年的《哲学的贫困》中,马克思提出,工人阶级只有在政治斗争中形成明确的阶级意识后,才能从自在的阶级转变为自为的阶级:

> 经济条件首先把大批的居民变成劳动者。资本的统治为这批人创造了同等的地位和共同的利害关系。所以,这批人对资本说来已经形成一个阶级,但还不是自为的阶级。在斗争(我们仅仅谈到它的某些阶段)中,这批人联合起来,形成一个自为的阶级。他们所维护的利益变成阶级的利益。而阶级同阶级的斗争就是政治斗争。①

当马克思写下这段话的时候,他显然认为欧洲的工人阶级已经形成阶级意识,走向自为的阶级了。那么,工人阶级的阶级意识最早在何时形成并且如何形成的呢?

在1963年出版的《英国工人阶级的形成》中,汤普森提出:早在1790年至1832年间,英国工人阶级就已经通过自身的努力,形成阶级意识,从自在走向自为了。霍布斯鲍姆不同意这种观点,认为只是在1880年至1914年间,工人阶级才正式形成自己的阶级意识。理由何在?在理论

① 《马克思恩格斯选集》第一卷,第193页。

上,霍布斯鲍姆有两点论据。第一,工人阶级意识是工业化时代的现象。霍布斯鲍姆肯定,工人阶级从前工业化时代的宗教观念意识形态中汲取了思想资源,促进了自己阶级意识的形成。不过他强调,工人阶级意识归根结底是被意识到的工人阶级的生活本身。虽然工业革命在19世纪二三十年代就已经完成,但工业化是一个漫长的过程,即便是在第一个工业化国家英国,也是到了19世纪80年代以后,才形成统一的工人阶级及其趋同的生活方式,从而在此基础上创造了自己独特的阶级意识。第二,通过组织而形成的“社会主义意识”是工人阶级意识的本质构成。霍布斯鲍姆认为,工人阶级意识具有层次性:工人阶级能够自发形成的只是片面的“工联主义意识”,只有在组织化的工人阶级政党领导下,工人阶级才能获得系统自觉的“社会主义意识”。基于这种认识,霍布斯鲍姆认为,欧洲范围内的工人阶级意识的形成经历了三个阶段:1815至1848年,尤其是1830年以后,在部分先进的工人中间开始出现具有社会主义性质的阶级觉悟和社会抱负,但这种阶级意识尚未摆脱法国大革命时期雅各宾派意识即空想社会主义的束缚;在1848年至1875年这个资本的年代里,工人阶级在壮大,但其阶级意识却处于一种相对蛰伏的状态;1875年至1914年间,随着进步的社会主义政党的涌现,欧洲各国工人阶级意识陆续形成。我们可以用一句话简单地概括霍布斯鲍姆对工人阶级意识的认识,即只有在社会主义政党成为工人阶级运动的领导者后,欧洲工人阶级才获得了自己真正的阶级意识。

对霍布斯鲍姆来说,涉足工人阶级意识和历史形成问题,很大程度上是为了回应同时代的学术争论,他真正感兴趣并且取得公认成就的,是对资本主义工业化过程中底层民众“原始”的阶级斗争、阶级抗争的开拓性研究。在法国大革命以后的西欧、南欧,一些农村地区出现过以农民为主体、具有反资本主义倾向的反叛运动。与后来的工人运动相比,这些反叛运动在政治性和组织化方面都显得相对古老,也因此被称为“原始”的反叛。在19和20世纪的东欧、拉美、东南亚等地,类似的反叛运动也都大量出现过。霍布斯鲍姆以全新的方式审视这些过去很少被人关注的“原始”的反叛,得出一些全新的结论。第一,在资本主义工业化过程中,资本主义侵入传统的农民社会,给农民的既有生活方式带来了灾难性冲击,因为尚未适应现代的生活与竞争,他们选择反抗这些不公正的新秩序、新生活方式。第二,这种反叛很大程度上是基于对过去的缅怀,并从过去的传统中汲取资源,反对新制度,捍卫自己原有的传统权利,其实质是“用过去反对未来”,即用传统反对资本主义现实。第三,一般而言,这些“原始”的反叛无法超越自己的原始性从而转变为现代意义上的社会运动、阶级斗争,可如果能够接触到社会主义或共产主义思想,这种转变也是可能的,在 19 世纪末期西班牙的安达卢西亚,原本倾向于无政府主义的民众一经政治觉醒,迅即倒向坚决拥护革命便是其中一例。第四,尽管无法帮助“原始”的反叛转向现代工人阶级运动,不过,“原始”的反叛诉诸的传统资源还是对工人阶级运动的发展起到了一定的积极作用。霍布斯鲍姆尤其强调了两点:一是传统基督教中的劳工教派促进了工人阶级运动在思想上和组织上的现代转型,这是一种通过传统的宗教意识形态来表现的无产阶级组织和诉求;二是传统仪式促进了贫民的现代式革命组织的形成。

三、工人阶级学说的当代评价

事实上关于霍布斯鲍姆的学术贡献在学界并没有形成完全统一的评价。有学者以他所获得的社会美誉度作为评价指标,认为他是英国马克思主义研究领域中当之无愧的第一人;亦有学者认为他的研究起步虽早但后劲不足,相比于汤普森、威廉斯等人,后期他对“哲学和社会科学的联盟”研究方式的贯彻并不彻底,导致他就理论贡献度而言并不及后者。那么,应当如何评价霍布斯鲍姆的工人阶级学说呢?如果仅就对研究方法论的创新和应用而言,我们可以大致得出以下几点评论。

第一,霍布斯鲍姆确立了“自下而上的历史观”的重要方法,但对于科学方法的贯彻却并不彻底。1974 年,年轻一代的英国马克思主义历史学家佩里·安德森推出了《从古代到封建主义的过渡》和《绝对主义国家的系谱》两部著作,批评霍布斯鲍姆确立的“自下而上的历史观”已经出现了泛化倾向,因而有必要重申“自上而下的历史观”,并将之作为观察国家等问题的主要视角。对此,霍布斯鲍姆积极评价安德森的工作,并在后来的研究中进行了部分调整。有研究者认为这种调整体现了霍布斯鲍姆的睿智与包容。但这实际上混淆了两类不同层次的社会史研究:对于国家、民族这种位于社会结构整体中间部位的社会存在,“自下而上”的看和“自上而下”的看不仅是可能的,也是必需的;然而,对于工人阶级这种只有“自下而上”才能看得到的底层社会存在，何谈“自上而下”呢？汤普森的做法似乎可以作为参照的另一面，他以一名教师的身份多年奔波于各个成人教学点之间，以便于真正“自下而上”地观察、了解、体认工人阶级。汤普森认为，正是成人教育和基层党组织工作，使他能随时随地向人民学习，从而创作出不朽的《英国工人阶级的形成》。相比之下，霍布斯鲍姆始终以职业历史学家的姿态研究工人阶级，从来没有真正深入工人阶级或者底层民众的生活、文化和传统，不过是工人阶级生活世界之外或者之上的旁观者。总的说来，霍布斯鲍姆无疑是“自下而上的历史观”的首创者，但在研究工人阶级的过程中，却未能真正将这一创新性的方法落实到位。

第二，霍布斯鲍姆的工人阶级研究学究气和猎奇性较重，对现实的关怀仍有欠缺。学者只有积极回应时代、社会的理论关切，才能创作出可以引发广泛共鸣、产生持久影响的精品力作，马克思主义理论研究更应如此。“小组”当初之所以决定把工人阶级作为研究重点，说到底，就是为了回应第二次世界大战结束后英国社会对阶级问题的群体性关注，告诉普通英国民众，自己的前辈即“生而自由”的英国人民是如何斗争并创造历史的。从英国当时的社会环境看，左派阵营存在对英国革命、英国工人阶级的革命性丧失信心的情况，因此知识分子们力图以史为鉴，希望能以过去点燃照亮未来的火焰，把普普通通的工人阶级群众“从后世的不屑一顾中解救出来”，证明其革命性和其革命斗争的普遍意义。霍布斯鲍姆同样认为，对于任何关心人类命运的人而言，研究工人阶级运动不只是为了好奇、有趣或感人，而更具有实际上的重要性。但同样由于他并未真正深入工人内部进行观察研究，因此他对于当代工人阶级的革命性是存疑的，这导致其研究在事实上呈现出很强的学究气和猎奇性。

第三，霍布斯鲍姆对工人阶级研究广度有余而深度不足。霍布斯鲍姆学术兴趣广泛，学术视野非常开阔。他的工人阶级研究在空间上涵盖了西欧、南欧、拉美、东南亚等地区，在时间上则跨越了 18 世纪至 20 世纪中期，展现出了一种罕见的大格局。跨学科研究的确是当前推进哲学社会科学研究的重要途径，但涉及具体问题时应有必要的聚焦。如法兰克福学派以大众文化、纳粹研究等作为资本主义批判的焦点，汤普森等人以 18 世纪至 19 世纪初期英国工人阶级运动史研究作为研究的中心，这些都是国外马克思主义研究领域通过跨学科的方式开展理论研究的成功典范。霍布斯鲍姆涉猎面之广是令人惊叹的,他所呈现出来的问题就在于理论深度不足,面面俱到自然做不到有效聚焦和重点突破,从而影响了其研究成果的系统性和深刻性。这也是学界更多将霍布斯鲍姆作为历史学家而非哲学家看待的重要缘由。庞大的历史叙事事实上在某种程度上掩盖了他作为一名马克思主义哲学家终其一生推进哲学社会科学理论创新的光芒。

第四节　斯图亚特·霍尔的理论创新

英国第二代新左派群星璀璨,涌现出一批具有世界性影响的思想家,斯图亚特·霍尔无疑是其中理论创新能力最强、跨学科影响力最大的一位:他出身于文学研究,却深度介入文化研究、传播学、政治学、社会学、艺术学等学科领域,且都留下了具有经典价值的创新性成果,成为英国新左派的一面旗帜,在推动英国新左派思想走向世界舞台中心的过程中发挥了极其重要的作用。客观地讲,单就霍尔的理论本身而言,它具有极强的英国地域性,一旦脱离具体本土语境就难以理解,更不用说直接移植、嫁接到别的国家或地区,但当我们将目光移向霍尔的理论创新方法或者说创新道路时则会感觉柳暗花明。对于发展变化日新月异的社会来说,我们需要的不是“鱼”而是“渔”,霍尔的方法论创新对现今的理论工作者来说无疑是有启发的。霍尔基于左派立场,提出了具有时代性的真问题,自觉锻造并充分发挥了哲学的批判功能,坚持以问题为导向开展跨学科研究。霍尔的理论创新和法兰克福学派的理论创新道路,二者可谓异曲同工、殊途同归,以各自擅长的方式在“哲学和社会科学的联盟”这条创新之路上达成了一致。

一、提出真问题

对于哲学社会科学领域的工作者而言,只有提出并解答具有时代性的真问题,才有可能实现理论创新,创作出有影响力的精品力作,而这恰恰是最为困难的。马克思说:“一个时代的迫切问题,有着和任何在内容上有根据的因而也是合理的问题共同的命运:主要的困难不是答案,而是问题。因此,真正的批判要分析的不是答案,而是问题。”①霍尔是英国殖民地牙买加人,1951 年获得奖学金前往牛津大学读本科。1956 年新左派运动兴起后,他与朋友共同创办并主编了《大学与左派评论》杂志,取得了极大成功。以此为起点,他进入英国左派知识界的核心圈层,开始了他超过半个世纪的辉煌创新历程。作为一个非英国本土出生的思想家,霍尔何以能够比绝大多数本土出生的英国新左派更好地发现并提出具有时代性、英国性的真问题呢?

首先,霍尔在关注现实方面具有高度自觉性。霍尔出身中产阶级家庭,从小学习成绩优秀,备受父母师长的关注。但他天性拒斥“支配性人际关系模式和文化模式”,第二次世界大战结束前后开始的牙买加独立运动进一步激发了他的反抗冲动,继而使他成为一名反帝国主义的左派学生。为了等待奖学金申请,他念了三年中学六年级,最后一年在部分左派老师的影响下进行了广泛阅读,初步形成了较为开阔的第三世界革命意识,甚至产生过做律师或经济学家以现实地改变牙买加贫困状况的念头。若按照原计划,霍尔在大学毕业后应当返回牙买加工作和生活,或从事政治,或成为一名大学教师。但当他在 1954 年获得第二个奖学金后,计划发生了改变,他可以继续留在牛津攻读研究生学位,而此时他的加勒比同学们几乎都返回家乡,这在客观上促使他接近牛津本土左派学生社群,开始对英国政治产生更加广泛的兴趣。虽然是外国人甚至是黑人,但霍尔很快就凭借自己关注现实的高度自觉性,成为牛津左派学生的核心人物之一。有两个事件可以证实这一点:1956 年新左派运动兴起前,霍尔和朋友们共同创立牛津“社会主义学社”,将各种倾向的左派学生汇聚到一起;1956 年新左派运动兴起后,时为英国共产党党员的牛津历史学研究生拉尔夫·萨缪尔说服三个朋友共同创办《大学与左派评论》杂志,这三个人分别是他的研究生同学加百列·皮尔森(英国共产党党员)、哲学系研究生查尔斯·泰勒(加拿大社会主义者)以及霍尔。《大学与左派评论》创立后,霍尔不知疲倦地投入杂志的编辑工作,为杂志取得成功做出了巨大贡献,是杂志真正的灵魂与核心。为了编好杂志,他先是从牛津搬到伦敦,进而毅然决定放弃博士论文的写作。他这么做的代价是没能像泰勒一

① 《马克思恩格斯全集》第一卷,第 203 页。

样拿到博士学位，收获则是深刻地卷入英国政治，从一名在英国的左派留学生华丽变身为一名英国新左派。此后，霍尔就作为英国人以英国新左派的方式关注英国现实，不断发现并提出一系列具有时代性、英国性的真问题。

其次，霍尔始终坚持为底层人民代言的左派立场。每一个时代都有属于自己时代的独特问题，这些问题能否被发现并以恰当的方式被提出，往往取决于研究者所选取的位置、立场。特别是对于那些与人民大众有关的时代问题来说，立场的选择就尤为重要。自成为一名新左派以后，霍尔就始终站在左派立场上，力图为英国底层人民代言、正名：最初是被蔑视的一般英国工人阶级（白人），接着是被唾弃的工人阶级青年亚文化群体，继而是被排斥的有色人种劳动移民，最后是不被认可的有色人种艺术家。正因为与底层人民站在一起，霍尔才能够扬弃对人民的傲慢、无知或蔑视，及时并准确地倾听、把握人民的呼声，提出让广大人民进而整个英国社会都产生共鸣的真问题。对于左派学术理论研究来说，这一点尤其具有真理性。

再次，霍尔具有见微知著的敏锐洞察力。自 1954 年决定留在英国后，霍尔就将自己的理论目光汇聚到英国现实问题上。从结果来看，他这个"外来户"显然比绝大多数"土著"做得都要出色。这在很大程度上应当归功于霍尔那种与生俱来的、能够见微知著的敏锐洞察力。霍尔和理查德·霍加特的结缘当是最生动的一个例子。1957 年，霍加特出版《识字的用途：无产阶级生活面面观》一书，基于自己作为工人阶级子弟的早年经验和当下的理论观察，他深感自己所熟悉的工人阶级似乎已经消失，虽然无法证明，但他还是提出了一个大胆假设，认为随着生活方式的变化，阶级的文化差别正趋于消失，"我们正在成为文化上的无阶级"。[①] 这一假设显然与左派既有的阶级理论存在冲突，因而在新左派中引发广泛争议。只有霍尔这个"外来户"力排众议，支持霍加特的假设。不仅如此，他还基于马克思、雷蒙·威廉斯以及美国左派社会学家赖特·米尔斯的部分观点撰写出《无阶级的观念》一文，给出了一个简单明了的理论论证。

---

① Richard Hogart, *The Uses of Literacy*: *Aspects of Working Class Life with Special Reference to Publications and Entertainments*, Chatto and Windus, 1967, p. 142.

霍尔当时是绝对的少数派,甚至连亲密合作者拉尔夫·萨缪尔都不支持他,但他不为所动,坚持从电影、电视、流行文学的角度对进入丰裕社会之后的英国工人阶级文化新现象进行开创性的探索。时间很快就证明霍尔的观点更具前瞻性和真理性。1964 年,当霍加特创立伯明翰大学当代文化研究中心(CCCS),有机会聘请一位助手时,他毫不犹豫地选择了霍尔。在随后的理论生涯中,霍尔凭借这种锐敏的洞察力,见微知著,见端知末,发现并提出了一系列尚未充分暴露出来的真问题,始终屹立在英国左派理论界的最前沿。

最后,霍尔掌握恰当提出问题的高超艺术。发现问题固然困难,以恰当的方式提出问题并吸引更多人的关注也不容易。例如,霍加特被公认为英国文化研究的三大奠基人之一,《识字的用途》也被认定是文化研究的标志性著作之一,但相比于同为三大奠基人的威廉斯和爱德华·汤普森,其人其著作的影响力都要逊色很多。原因何在?霍尔认为,一个重要原因就是霍加特是在旧传统中思考新问题的,因而不能将问题清晰、有力地呈现出来。霍尔则不然。他不仅出身文学研究,善于修辞表达,更重要的是,成功编辑出版《大学与左派评论》的经历使他养成了注重与受众进行积极互动的习惯,从而掌握了清晰呈现问题并吸引受众注意力的能力。1979 年 1 月,霍尔发表《大右转秀》一文,分析并预言玛格丽特·撒切尔领导的保守党将赢得 1979 年的英国大选,其中他创造了“撒切尔主义”一词指代正在形成的英国现代国家,不仅让“撒切尔主义”术语在世界范围流行开来,而且推动了英国国家批判理论的当代发展。

二、发挥哲学的批判功能

重视研习哲学,以哲学为指南开展批判性研究,是英国第二代新左派区别于此前英国左派传统的一个群体性特征。这个特征之所以能够形成,归根结底是因为第二代新左派具有更强的理论需求、更开放的理论心态,在深入学习马克思哲学以及包括“西方马克思主义”在内的当代欧洲激进哲学思潮的过程中,他们接受了马克思“哲学是自己时代的精神上的精华”这种新的哲学观。

“哲学是自己时代的精神上的精华”观念源于黑格尔。黑格尔指出:

“哲学并不站在它的时代以外,它就是对它的时代的实质的知识。同样,个人作为时代的产儿,更不是站在他的时代以外……没有人能够真正超出他的时代,正如没有人能够超出他的皮肤。”①哲学是“被把握在思想中的它的时代。妄想一种哲学可以超出它的时代,这与个人可以跳出他的时代,跳出罗陀斯岛,是同样愚蠢的”。② 创立马克思主义哲学后,马克思对“哲学是时代精神上的精华”观念进行彻底扬弃,赋予其全新的科学内涵。首先,真正的哲学是时代的产物。黑格尔把哲学史比喻为“厮杀的战场”。其实,每一个时代的哲学舞台都是一个“厮杀的战场”,或多或少的哲学思想参与其间,为证明自己是真正的哲学而开展不同形式的竞争。最终只有那些接受了时代拣选的哲学思想能够证明自己是属于这个时代的真正的哲学,进而在哲学史上留下自己或深或浅的印记。其次,真正的哲学能够以恰当的方式把握、传达时代精神。时代精神就存在于时代之中,等着被人们去把握、去表达。不过,就像马克思指出的那样:“如果事物的表现形式和事物的本质会直接合而为一,一切科学就都成为多余的了。”③作为本质存在的时代精神是不可能被直观到的。人们只有找到恰当的途径,才能在周围的世界中确定它的存在,进而把握它。最后,真正的哲学是面向时代精神的未来的。真正的哲学是“密涅瓦的猫头鹰”:它因为黄昏时才起飞,所以才能对过去(时代已经展开的部分)看得更全面,对未来(时代即将展开的部分)预见得更准确。对于真正的哲学来说,面向时代精神的未来包含两重维度:照亮未来和推动未来的降临。在马克思主义哲学诞生之前,所有真正的哲学都满足于照亮未来,而在推动未来的降临问题上却止步不前。只是在马克思之后,哲学才突然意识到,哲学家们只是在用不同的方式解释世界,而问题在于改变世界,从而第一次完整地意识到自己的使命,并在无产阶级的解放运动中找到了实现自己使命、推动未来降临的现实途径。

就学科出身而言,霍尔无疑是第二代新左派中离哲学较为遥远的。不过,他始终坚持面向现实,自觉寻找、锻造并发挥哲学的批判功能,从而

① 黑格尔:《哲学史讲演录》第一卷,贺麟译,商务印书馆,1959 年,第 55—56 页。

② 黑格尔:《法哲学原理》,范扬、张企泰译,商务印书馆,1981 年,第 12 页。

③ 马克思:《资本论》第三卷,人民出版社,1975 年,第 923 页。

使理论真正地与现实紧密地联系在一起，使哲学社会学研究终于成为解决时代真问题的锐利武器。

首先，霍尔注重研读马克思经典著作，在此基础上确立对当代资本主义社会的批判性理解，以一种马克思主义者的形象走上当代英国理论舞台。霍尔是马克思主义者吗？自20世纪80年代以来，不断有人提出这个问题，霍尔也在各种访谈中不断予以回应，其中以1996年东京访谈的回应最为清晰、详尽：他从中学时代开始涉猎马克思著作，到英国后已“成为一名马克思主义者”，但从来都没有“成为百分之一百的马克思主义者”，更不是苏联马克思主义意义上的马克思主义者；他“始终与马克思主义保持一种折中的、异议的关系”，“曾经成为一种完全意义上的历史唯物主义者，随即又远离”，这种关系的顶峰是20世纪70年代。[①] 霍尔究竟在何种意义上是马克思主义者，这是一个仍有争论空间的问题。而霍尔通过研读马克思经典著作，确立对当代资本主义社会的基本理论立场，并以一种马克思主义者的形象走上当代英国理论舞台，则是确凿无疑的。新左派运动兴起后，非理论学科出身的霍尔非常注重理论学习，主要以自学的方式增强社会科学知识，马克思经典著作无疑是其中的重点。从文献上看，霍尔对同时代有英译本的马克思经典著作都相当了解，其中《1844年经济学哲学手稿》和《1857—1858年经济学手稿》对其思想发展有重要影响。1958年，已前往巴黎研究哲学的查尔斯·泰勒返回伦敦，带回了英国新左派当时未知的《1844年经济学哲学手稿》，并与霍尔进行了一次深入的交流。从泰勒同年秋季发表的《异化与共同体》一文看，他主要从社会失范这种社会学视角出发，对《1844年经济学哲学手稿》中的异化和共产主义学说进行译介，得出了一个非同寻常的结论：霍尔等人当时推动的对阶级控制、文化、教育、传媒等的批判性研究，虽然不见容于苏联马克思主义，却是《1844年经济学哲学手稿》异化批判的当代表现，因而是社会主义的、马克思主义的！也就是说，以《1844年经济学哲学手稿》为中介，泰勒证明了早期文化研究的马克思主义性质。正因为如此，霍尔说泰勒，其实也就是泰勒关于《1844年经济学哲学手稿》的研究，对

---

① Kuan-Hsing Chen, *Trajectories: Inter-Asia Cultural Studies*, Routledge, 1998, pp. 330－331.

他“很重要”。研读《1857—1858年经济学手稿》是霍尔20世纪60年代末70年代初思想发展中的一件大事。1968年,《新左派评论》邀请美国学者马丁·尼古拉斯所撰写的一篇系统介绍《1857—1858年经济学手稿》的文章,令第二代新左派大为震动。《新左派评论》随即委托尼古拉斯全文翻译《1857—1858年经济学手稿》,后于1973年正式出版。这个新发现的老年马克思究竟意味着什么呢?1972年,霍尔在伯明翰大学当代文化研究中心(CCCS)召集了一次内部研讨会专门探讨此问题,大部分参会论文后来以《定位马克思》之名结集出版。霍尔也写了一篇“长而散乱的文章”,即《马克思论方法:读1857年〈导言〉》。从这篇文章可以看到,霍尔通过对《1857—1858年经济学手稿》的创造性解读,完成了个人哲学方法论上的飞跃,从而为其70年代关于发达资本主义社会大众文化系列经典研究奠定了坚实的基础。

其次,霍尔积极吸收阿尔都塞、葛兰西等“西方马克思主义”者的哲学成果,完善了对马克思主义哲学若干基本理论和基本方法的当代理解,提升了自身批判现实的理论能力。1956年以后,两代新左派察觉到英国本土马克思主义理论供给不足,都产生了向欧洲大陆寻找新的理论资源的冲动。总的看来,第二代新左派更迫切地希望能够从欧洲大陆寻找更科学、更有力的马克思主义理论,以期为英国的社会主义找到新的未来。1962年,佩里·安德森出任《新左派评论》主编,随即在《新左派评论》上系统译介当代欧陆思想家的著作与思想,萨特、卢卡奇、葛兰西、阿尔都塞等欧洲大陆马克思主义哲学家的著作与思想就是在这种背景下被引入英国的。1974年,安德森把这批“新发现”的欧洲马克思主义者开辟的理论传统命名为“西方马克思主义”。作为“西方马克思主义”进入英国的重要推手之一,霍尔吸收、借鉴了不少“西方马克思主义”者的思想,其中尤以阿尔都塞和葛兰西的思想为最。在1980年的《文化研究:两种范式》一文中,霍尔详细阐释了以阿尔都塞为核心的法国结构主义思潮对其20世纪70年代结构主义文化研究范式之形成的深刻影响,而这种深刻影响实际上是通过改变霍尔对马克思主义哲学若干基本理论和基本方法的理解才得以实现的:第一,帮助霍尔彻底克服了苏联马克思主义正统关于经济基础与上层建筑关系的教条主义理解,使之能够以多元决定的观念具体地分析社会整体中意识形态等要素的功能作用,从而能够更加准确地把握发达资本主义社会中大众文化、教育等意识形态要素的社会作用;第二,帮助霍尔理解了马克思《1857—1858 年经济学手稿》的《导言》中“从抽象上升到具体”思想的方法论精髓,开始尝试像马克思那样,从整体出发来批判地认识发达资本主义社会中文化生产的各个环节;第三,帮助霍尔超越传统马克思主义对意识形态的简单化理解,从而对意识形态的本质及其作用形成了更加符合发达资本主义社会现实状况的当代认识,并把意识形态维度引入文化研究。很多人都注意到,从 70 年代后期开始,霍尔思想中出现了一个“葛兰西转向”,即葛兰西思想对霍尔的影响开始显著增强。1985 年,也就是在“葛兰西转向”的高潮阶段即将结束之际,霍尔发表《葛兰西与种族和族性研究的相关性》演讲,系统阐发了他对葛兰西的理解。在霍尔看来,葛兰西理论的独特性和重要性就在于,它关注的不是一般(马克思)或特殊(阿尔都塞),而是个别的具体情势,因而彰显了主体(阶级)的能动性和重要性,推动马克思主义者由抽象的理论走向具体的社会实践、社会斗争。就此而言,“葛兰西转向”也就是“实践转向”。这种“实践转向”之所以可能,是因为霍尔先借助葛兰西的“有机知识分子”学说确证了介入现实的实践立场,继而借助葛兰西的文化霸权学说,修正了他从阿尔都塞那里继承的意识形态观念。他认识到意识形态是统治阶级实现其阶级统治的重要领域,在大众的自发认同基础上,统治阶级的文化霸权得以形成,并在社会的经济、政治、文化和意识形态维度都发挥作用;文化霸权不是由经济基础线性决定的,它具有自身的发展和演化规律;作为统治阶级和被统治阶级历史地具体地形成的一种“动态平衡”,文化霸权是不稳定的,始终向实践和斗争的历史发展保持着自己的开放性,处于总体劣势的被统治阶级有可能在这一领域的斗争中获得胜利,进而取得总体斗争的胜利。

最后,霍尔始终保持与同时代其他哲学流派的批判对话,不断磨砺、提升自己的理论锋芒。20 世纪 60 年代以后的西方哲学舞台众声喧哗,涌现出许多新人物、新流派、新观点、新思潮。霍尔始终以开放的心态对待这些新生事物,保持与它们的批判对话关系,取其精华去其糟粕,提升自身的理论水平。厄尼斯特·拉克劳是与霍尔交往颇为密切的左派理论家,70 年代末期以后,他与尚塔尔·墨菲合作共同创立“后马克思主义”。霍尔始终关注拉克劳的理论发展,高度赞赏、改造并引入拉克劳早期的

"接合"观念,认为"接合理论力图追问的是意识形态如何发现其主体,而非主体如何思考其必然的、不可避免的思想。接合理论使我们得以思考意识形态如何赋予人民力量,如何使人民开始了解自己所处的历史情境,而不将这些理解形式还原为他们的社会经济或阶级立场,或者他们的社会地位"。① 同时霍尔也指出,拉克劳和墨菲后来走得过远,把世界、社会实践当作语言,在他看来,社会最多是在隐喻的意义上像语言那样运作,由此,霍尔就与"后马克思主义"倡导的"社会主义战略"划清了界限。1979年,法国哲学家让-弗朗索瓦·利奥塔出版《后现代状况》一书,随即在西方哲学界引发一场关于后现代主义的争论。霍尔密切关注争论的进展,借助争论各方的观点完成自我定位以及对后现代主义的理论定位。霍尔确认自己是一个"现代主义者",而貌似极端批判的、反本质主义的后现代主义在他看来其实是按照一种本质主义的和非批判的方式展开的,其知识体系则是欧洲中心论或西方中心论的。为了澄清自己对现代主义、现代性的理解,霍尔后来发起专门的研究计划,主编出版了《现代性的形成》《现代性及其未来》《现代性的社会与文化形式》《现代性的经济和政治维度》等文集。在非马克思主义的当代西方哲学家中,对霍尔影响最大的当属福柯。事实上,从70年代后期开始,霍尔就受到福柯思想的影响,这种影响在80年代中期以后有关"文化身份""多元文化主义"等的研究中达到高潮。不过,对于福柯,霍尔同样也是有所取有所不取的,他真正认同的是福柯关于知识与权力关系的批判理论,至于福柯的话语理论,他则持保留态度:"我们对其著作的主要批评是他倾向于过多专注'话语',其结果就是鼓励其追随者忽略权力/知识运作中物质的、经济的和结构的要素的影响。"②

三、开展跨学科研究

面对日益复杂的资本主义现实,法兰克福学派的"精神领袖"霍克海默曾旗帜鲜明地提出,只有开展行之有效的跨学科研究才能解答有关当

① David Morley & Kuan-Hsing Chen, *Stuart Hall: Critical Dialogues in Cultural Studies*, Routledge, 1996, p. 142.

② Stuart Hall, *Representation: Cultural Representations and Signifying Practices*, Sage, 1997, p. 51.

代资本主义发展的重大现实问题:“当前的问题是把当代哲学问题所提出的那些研究系统地整合起来。哲学家、社会学家、经济学家、历史学家以及精神分析学家们因为这些哲学问题而集合为一个永远的合作团队,以共同着手解决这些问题。在其他领域,类似工作只有在实验室中才能实现。”①第二次世界大战以后,人文社会科学领域的重大学科创制、理论创新大多通过跨学科的方式实现。跨学科研究观念也因此日益深入人心。然而,跨学科研究说起来容易做起来难。放眼第二代新左派,能够组织有效的跨学科研究进而实现理论创新的主要就霍尔一人。

从某种意义上讲,霍尔是第二代新左派中的一个异数。他来自当时还没有大学的牙买加,学科观念对他的影响原本就弱一些,加之牛津期间他广泛参与左派知识界的各种学术生活和社会活动,使他对狭隘学科观念逐渐形成了有效免疫。新左派运动兴起之初,霍尔正在撰写博士学位论文,主题是关于英美心理分析小说先驱亨利·詹姆斯的文学创作的。新左派运动兴起后,霍尔毅然放弃论文写作,转而开始研究电影、电视、流行文学等现代大众文化现象。这种转向显然与学科观念背道而驰,但在霍尔这里就自然而然地发生了。众所周知,伯明翰大学当代文化研究中心(CCCS)时期(1964—1979 年),霍尔规划并组织了有关大众文化研究的系列跨学科研究项目,大多都取得了成功并产生了巨大影响。这种成功一方面与霍尔坚定的跨学科研究指导思想有关,另一方面也和当代文化研究中心(CCCS)边缘化的学院生存状况有关:长期以来,中心只有三四个正式编制的员工,大部分教学活动必须依靠聘请外部人员才能得以展开,这反倒给霍尔实现跨学科研究提供了更有利的条件。1979 年,霍尔离开伯明翰转赴位于伦敦的开放大学(The Open University)任教。以霍尔当时的学术声望,他完全可以选择一所非常著名的研究型大学,但他最终选择了开放大学这所只有不到十年历史、以远程教育为主的非著名大学。原因何在?霍尔的回答是:“在(开放大学)更开放、跨学科、不循规蹈矩的情境中,我这代人的学术期待,也就是在非学术情境中和普通百

① Max Horkheimer, *Between Philosophy and Social Science: Selected Early Writings*, pp. 9 - 10.

姓、妇女、黑人学生对话，就有可能实现。这有助于实现我的某些政治期待。”①在开放大学期间（1979—1997 年），霍尔一如既往地发起并组织系列跨学科研究项目，在英国现代国家、现代性、文化身份等方面的研究中均有不小的理论收获。

在现代大学体制下，跨学科研究必然要求团队合作。对于追求自我和个性的人文社会科学界知识分子来说，团队合作之难不言而喻。霍尔之所以能够连续 40 年成功发起并组织系列跨学科团队研究项目，很大程度上要归功于他的个人魅力。

首先，霍尔胸怀宽阔，亲和力强，善于团结人。新左派运动兴起之前，英国的左派知识界大体以工党和共产党为中心形成两个圈子或集团，圈子内部的均质化程度和稳定性都较高。新左派运动兴起之后，原有的圈层被打破，先是分化出第一代、第二代新左派，继而第二代新左派又因政治立场、理论立场的不同而进一步分化，形成更加多元破碎的小集体。总的看来，各个新左派小集团都倾向于内部协同外部斗争，相互间合作很少。霍尔则非常超然，没有过于强烈的门派、圈子意识，能够把不同倾向的左派学者团结到一起合作共事。

第二，霍尔甘于奉献，做跨学科团队研究的幕后英雄。检视霍尔的成果目录可以发现，除了 1964 年合著的《流行艺术》外，霍尔生前就没有出版过其他专著，即便是个人文集也只有《艰难的复兴之路：撒切尔主义和左派的危机》一部。他的代表作大多散见于他主编的十余部集体论著中。也就是说，霍尔之所以在个人专著上施力不多，是因为他把主要精力都投入跨学科团队研究的组织、领导和协调上了。当这些跨学科团队研究以集体成果形式呈现出来时，人们往往只会看到作为主编（之一）的霍尔仅仅贡献了微不足道的一篇导言或者一两章正文，而没有意识到霍尔是这些经典研究的设计师和组织者，没有他的默默奉献，就不可能有这些传世经典。

第三，霍尔奖掖后进，通过跨学科团队研究不断帮助青年学者成长。仔细分析霍尔领导的十余项经典研究成果，我们会发现，他总是有意识地

① David Morley & Kuan-Hsing Chen, *Stuart Hall: Critical Dialogues in Cultural Studies*, p. 502.

推陈出新，利用跨学科团队研究项目遴选青年学者，帮助、推动他们不断成长。伯明翰大学时期，他培养了一代文化研究的领军人物，这自不必多说。开放大学时期，他同样推出了一批学术、文化新人，其中著名的有政治学家戴维·赫尔德、社会学家葛瑞格·麦克莱兰、文化研究学者比尔·史华慈、少数族裔文化研究学者保罗·杜盖伊、少数族裔艺术家戴维·百利等。正是在这种推陈出新的过程中，霍尔的学术理想和理论生命得以延续。

第三章　国外非马克思主义思想家对“哲学和社会科学的联盟”的借鉴

事实上，马克思主义理论创新所获得的巨大影响力并不仅限于马克思主义理论研究内部，即使是非马克思主义者，如丹尼尔·贝尔、吉登斯、里夫金、麦克卢汉等人皆获益匪浅。这些思想家虽未入马克思之“门”，但这并不妨碍他们选择和马克思一样的理论发展道路，力图通过“哲学和社会科学的联盟”来达成自己的理论创新。第二次世界大战之后，随着社会科学专业化程度不断加深，学科细化日益明显，西方思想界和知识界出现了越来越多只专注于局部问题研究的专家。但这批学者并不拘泥于这类条条框框，他们涉猎广泛，汲取了当代很多社会科学学科的理论成果，根据自己的实际需要开展跨学科研究。他们积极关注现实问题，活跃于社会公共事务中，试图用思想来推动社会的良性发展；在承接同时代人已有的创新成果的基础上，不断综合创新出极具影响力的观念。客观讲来，这些学者无论从学科基础、学术建构还是成果提升方面都未能超越马克思，在“哲学和社会科学的联盟”方面也存在一些缺陷，这也在一定程度上削弱了其理论成果的持久影响力，但他们所取得的学术成就充分证明，马克思“哲学和社会科学的联盟”道路是不局限于马克思主义理论内部的，它是对当代整个哲学社会科学都行之有效的科学的理论创新之路。

第一节　丹尼尔·贝尔的理论创新

丹尼尔·贝尔不仅是战后最有影响力的美国知识分子之一，也是改革开放以后最早进入中国学术界的当代美国思想家之一。1982 年，中国社会科学院情报研究所编译出版了贝尔的《第二次世界大战以来的社会科学》，绝大多数中国学者就是通过这本小册子知道贝尔其人的。随着《后工业社会的来临》以及《资本主义文化矛盾》的先后面世及一再重印，贝尔在中国声名鹊起。人们更是从后一本书的中译本绪言中获悉：在

1972 年的全美知识精英普测中，贝尔位列影响最大的当代著名学者之首。事实上这种说法并不准确，因为贝尔当时是由于音序排列而位列前十大著名学者之首的。不过，这并没有妨碍贝尔那些令人印象深刻的大观念以无可阻挡之势进入中国，并对当代中国社会思想的发展演进产生直接影响。客观地说，他的成功正得益于“哲学和社会科学的联盟”的理论发展道路。

一、坚持对现实的关切

在《最后的知识分子：学院化时代的美国文化》中，美国历史学家雅各比指出，第二次世界大战以后，随着高等教育大众化时代的来临，美国的知识分子传统发生了重大改变，以往那种关注公共领域、具有批判精神的思想家型(公共)知识分子趋于消失，取而代之的是高科技精英、专业顾问、教授等专家型知识分子，他们“或许相当出色，甚至出类拔萃，但是他们不能丰富我们的公共生活。这些几乎全部生活都局限在大学校园里的年轻知识分子直接面对自己的专业同行，但其他人却既不知道也无法接近他们”。① 20 世纪 80 年代末以后，中国也出现了类似进程，在越来越多的人被称为知识分子的同时，源远流长的知识分子传统，即投身于现实的传统，却逐渐没落了。具体地说，首先，在卢卡奇所说的物化意识的作用下，知识分子形成了坚硬刻板的专业观念，日益满足于对具体的局部的科学事实的追求，而逐渐丧失总体性意识，不再能够把握社会的整体性和历史的统一性，即丧失了认识总体现实社会的能力。其次，知识分子因此丧失了“铁肩担道义”的自觉和使命感，在学术化的旗帜下理直气壮地拒绝关注专业之外的“国事、天下事”，更不必说去改变世界了。最后，但可能最致命的是，知识分子在习以为常中把这种专业或偏狭状态作为自己的本质或宿命接受下来，从而日益丧失超越单纯的“脑力劳动者”、重新投身现实社会的可能性。

身处学院化时代，还能否铁肩担道义？贝尔以自己的学术历程对此做出了肯定的回答。贝尔的职业生涯始于新闻记者兼自由撰稿人，在新

---

① Russell Jacoby, *The Last Intellectuals: American Culture in the Age of Academe*, Basic Books, 1988, p. x.

闻界叱咤的20年间，他两度进入学院，兼职讲授社会学，积累了相当的学术声望。即便如此，当1958年他最终决定转入学院时，也不得不向已经非常强大和顽固的学院体制低头：在以前工作的基础上编撰出《意识形态的终结》一书，并以此获取博士学位，拿到了进入哥伦比亚大学这种重点大学所必需的"敲门砖"。进入学院后，他当然还得继续与学院体制进行某种妥协，发表学术论文，出版专著，按部就班地晋职，最终顺利登上学院体制的顶峰。不过，贝尔的这种学院成功恰恰是通过坚持关注社会现实的知识分子传统而取得的。一方面，在美国社会学日趋走向空洞抽象和琐碎实证这两个极端的情况下，他的学术关切始终聚焦在一些与历史的发展、文化的命运和人类的未来紧密相连的现实问题上。透过这些，他力图把握的是那种超越专业知识的现实构想，即当代美国资本主义的本质及其前途与命运。另一方面，他在具有了影响社会的公共话语权后，即开始自觉参与社会事务，积极用自己的思想来推动"我们的国家""我们的文化"向着更加良善的方向发展。除了时事评论、著书立说外，他还投身各种旨在改造和规划美国社会及其未来发展的公共机构的活动，先后在多个全国性的和国际性的重要机构中任职。若论在战后美国社会学界的学术地位，贝尔与塔尔科特·帕森斯这位社会学前辈或许不分轩轾，可是，在1972年的全美知识精英普测中，贝尔独占鳌头，后者却榜上无名。原因何在？说到底是因为后者缺乏对现实的关切，因而其研究成果始终不能突破学院的高墙，在知识界和社会大众中产生有效的共鸣。

二、坚持批判与建设的统一

童年时代的贫穷生活让贝尔13岁时就宣布自己是一个社会主义者，成为美国资本主义的激烈批判者。不过，在投身新闻界，对美国社会进行了深入的观察和深刻的剖析后，他的立场却发生了重大变化，重新定位于一种介于激进与保守之间的多元复合立场，即"经济上的社会主义者，政治上的自由主义者，文化上的保守主义者"这种三位一体立场①，从而实现了批判与建设的统一，并在此基础上建构出了自己巨大的学术和公众影响力。

---

① Daniel Bell, *The Cultural Contradictions of Capitalism*, Basic Books, 1978, p. xi.

贝尔之所以能够做到这一点,首先在于他有健全的国情意识。年幼的贝尔尽管对美国的社会不公正现状充满了激愤不平之情,但并没有因此走向极端,而是坚持理性认识,很快就意识到暴力革命不适合美国,从而转向社会民主主义立场。在苏联已经暴露出来的一些政治黑幕和制度弊端的推动下,进入新闻界后的贝尔开始自觉认识美国社会,最终发现:尽管存在很多不尽如人意的地方,但美国的政治和文化制度有其合理甚至优越之处。在此基础上,他在20世纪40年代末实现了政治立场的调整。

其次在于他有充分的超越能力。不论在哪里,从讲国情到成为现实之无条件的卫道士,往往都只有几步之遥。贝尔之所以能够避免落入这种窠臼,主要因为他拥有能够将美国国情“置之度外”的超越能力。早期的生活经历让他成为自由资本主义模式的坚定批判者,犹太思想传统使他与美国本土文化保持某种张力,而社会主义的观念及其一些成功实践则为他审视、理解、评价美国现实提供了不同的参照系。

最后在于他有锐利的发展眼光。大学时代,贝尔参加了一个社会主义读书俱乐部,认真阅读了马克思的绝大多数著作。尽管他并没有成为一名马克思主义者,却因此发展出了一种同时代很多美国主流知识分子所不具备的历史意识,善于以发展的眼光来观察、思考社会问题,从而能够在预见未来走向的同时诊断出现行制度中存在的弊病,进而提出有现实针对性的改进意见和方案。在这一方面,他与狂热鼓吹历史终结于资本主义的自由主义者拉开了显著的距离。

三、坚持跨学科研究

在当下的研究中,怎样才能不断保有理论创新的动力,从而获得真正的学术和公共影响力呢?在这个问题上,贝尔的学术道路具有典型的启示和示范意义。

首先,要能够深入社会生活,发现并提出真正的问题。贝尔在新闻界工作了20年,这种从业经历使他养成了密切关注社会发展动态的习惯,并且锻炼了他的敏感性和洞察力。因此,不管是在转入学院之前还是之后,他都能够深入社会生活,准确把握时代精神的脉搏,发现并提出真正的问题,从而引发公众的强烈共鸣。在冷战以及苏共二十大等事件的影响下，整个20世纪50年代，很多欧美左派知识分子都陆续向右转。这在欧洲特别是法国引发了关于“意识形态的终结”的论战。而在知识分子对麦卡锡主义的白色恐怖尚心有余悸的美国，于20世纪40年代末期就率先实现从左向右转的贝尔敏锐意识到了这一问题的重大现实性，并基于对美国社会的系统分析提出：知识分子已经放弃了发端于19世纪的普遍性意识形态，接受了福利国家，渴望分权制、混合经济和多元政治体系。就此而言，意识形态的时代已经走向终结。正是因为贝尔的工作，“意识形态的终结”后来成了一个世界性议题。第二次世界大战后，很多人都在不同程度上意识到西方社会正在发生变化，但很少有人去认真思考这种变化的原因及其后果。在致力于“意识形态的终结”问题研究的时候，贝尔就已经开始思考这个问题，并把“技术性决策在社会上的作用”确定为解决问题的关键。在他看来，当代资本主义社会由技术—经济（社会结构）、政治和文化三个相对独立的领域构成，虽然技术—经济（社会结构）的变化同政治领域和文化领域的变化并不存在必然的联系，但它还是会通过向政治领域和文化领域提出问题，来对后者发挥某种影响。据此，他首先系统分析技术—经济（社会结构）本身的变化及其对政治领域的影响，预言了一个有计划的、集权的、合理化的、官僚化的因而是更加和谐良善的“后工业社会的来临”，继而分析了技术—经济（社会结构）变化对资本主义文化的影响，从而振聋发聩地指出，资本主义文化出现了内在矛盾，而矛盾的解决之道就在于让社会“重新向某种宗教观念回归”。就像人们已经看到的那样，这两个问题后来不论在学术界还是在社会上都产生了极其热烈的反响。

其次，要能够克服狭隘的门户之见，以开放的姿态汲取各种有益思想资源。在那一代美国知识分子中，像贝尔这样能够超越美国边界获得广泛的世界性声誉的人并不多。之所以如此，是因为其他主流知识分子大多不愿或者不能突破自己的自由主义意识形态立场，从不同的甚至是对立的理论传统中获取有益的思想资源。贝尔则没有这种狭隘性。毫无疑问，他从来都不是一个马克思主义者。不过，即便是转向自由主义之后，他也没有为狭隘的意识形态立场所困，而是始终重视马克思的理论遗产、肯定马克思学说的伟大地位，用开放的态度汲取马克思主义的理论资源以服务于自己的理论探索。例如，他的资本主义理论不仅以马克思的资本主义理论为出发点，而且直接引用了马克思的一些基本观念和方法。此外，他还从圣西门、韦伯、桑巴特、凡伯伦、熊彼特等人的社会主义学说、社会理论、经济学理论中汲取了有益的资源以丰富自己的理论，尽管前述思想家的政治立场、理论取向等与他不无抵牾之处，但这并不影响其“为己所用”。一句话，贝尔有自己的门户，但没有狭隘的门户观念。正因为如此，他方能博采众长。

最后，要善于通过跨学科研究实现理论创新。19世纪六七十年代以后，随着德国现代自然科学的迅猛发展，古典科学观开始衰落，直接源于现代自然科学的学科分类体系观念开始在西方大学以及社会中大行其道。第二次世界大战以后，欧美各个发达资本主义国家陆续进入高等教育大众化时代。这在显著提高学术研究的专业化程度的同时，在客观上强化了人们的学科观念，从而导致了学科壁垒的形成。结果，面对日益复杂的社会有机体，专业化程度不断提高的社会科学研究越来越像盲人摸象，提供的大多是一些或许深刻但肯定片面的一孔之见。在这种格局中，理论创新自然难以出现。不过，贝尔从来都没有被这种凝固化的学科观念束缚住手脚。他的理论视野非常开阔，广泛涉猎从社会学、经济学、管理学、政治学到哲学、历史学、宗教学、文学批评等诸多人文社会科学领域，这使得他能游刃有余地发现并言说当代发达资本主义的新变化。从某种意义上讲，贝尔的三个大观念，即“意识形态的终结”“资本主义的文化矛盾”和“后工业社会”，都各有其出处，不是他的“原创”。但是，没有人会因此否定他对这些大观念的“发明权”，因为人们知道，唯有贝尔的跨学科研究努力，才使那些原本相互隔绝在各个学科中的点滴发现被综合起来，进而得到系统整合，最终形成这些深刻改变人们认识的大观念。事实上，综观第二次世界大战以后的社会科学发展史，真正具有世界性影响的理论创新大多是在贝尔这样的跨学科研究中实现的。

第二节　吉登斯对马克思的继承

正如德里达所言，“全世界的男男女女们，不论愿意与否，甚至知道与否，他们今天在某种程度上都是马克思和马克思主义的继承人。”[①]在非马克思主义传统出身的当代西方理论家中，或许没有谁能比安东尼·吉登斯更能匹配马克思的“继承人”这一称号：他不仅系统研究过马克思的理论，而且选择通过对历史唯物主义的当代批判，来建构自己的社会理论，并与马克思和马克思主义保持着长期的对话关系。吉登斯清楚地认识到，马克思理论体系的核心是其在历史唯物主义形成时期所确立的那些哲学主题，而其中的重中之重则是马克思从黑格尔那里继承发展而来的人类渐进性的“自我创造”观念。从一个令人振奋的观念到一个令人震撼的理论体系，吉登斯注意到，马克思成功的关键在于他以一种开放的心态，对同时代西欧的思想文化成果进行了强有力的综合，从而以一种连贯的方式将英、法、德三国的不同经验和认识结合在一起，同时，又为从理论上解释这些国家在社会、经济和政治结构上的差异提供了基础。一句话，吉登斯近似于认识到，“哲学和社会科学的联盟”是马克思所开辟的理论创新道路。

一、对马克思的再发现

吉登斯的学术历程以对马克思、涂尔干和韦伯的资本主义理论的反思性批判为真实起点。在这一工作中，马克思占据了毋庸置疑的中心地位。因为吉登斯认为，正是在与马克思的批评性对话中，涂尔干和韦伯分别阐发和建立了各自的社会理论，从而和马克思一起为现代社会理论奠定了基础。

按照吉登斯的自述，他之所以能够超越已然陈腐的“英国特色”再发现马克思，主要得益于1968—1969年间他在北美度过的意义非凡的两年。当时，美国新左派运动正值高潮，各种激动人心的革命性事件不断发

---

① Jacques Derrida, *Specters of Marx: The State of the Debt, the Work of Mourning, and the New International*, Routledge, 1994, p. 91.

生。面对这一切，作为当时社会学主流的帕森斯传统却无法给予有说服力的解释。这在让吉登斯感受到强烈困惑的同时，也让他于新左派运动的漩涡中心发现了马克思和（西方）马克思主义的身影，促使他开始关注、重新思考社会理论的起源问题。在这种情况下，最早关注、研究马克思社会学遗产的亲马克思主义的左派社会学家汤姆·巴特莫尔的工作发挥了关键性的推动作用。

虽然吉登斯直接受益于巴特莫尔，不过，他在1971年出版的《资本主义与现代社会理论》中对马克思社会理论的阐发，显然要比巴特莫尔的类似工作——1975年的《马克思主义社会学》和1985年《现代资本主义理论》——更加成功。这种成功主要得益于以下三个方面的原因。首先，吉登斯展现出了更强的理论化意愿。20世纪60年代晚期以后，随着结构主义和后结构主义、“西方马克思主义”、解释学和现象学等欧陆哲学思潮的大举进入，英国的学术文化发生了显著转变。在不完全放弃经验主义传统的同时，人们也开始追求更高程度的理论化。这种需求在年轻一代身上表现得更为强烈。如果说巴特莫尔坚守“英国特色”，努力把马克思诠释为一个实证的“社会学家”，那么，吉登斯则顺应潮流变迁，成功建构出了一个更加符合时代期待的“社会理论家”马克思。其次，吉登斯更加成功地勾画出了其他社会理论家与马克思之间的对话—“继承”关系。在传统马克思主义看来，涂尔干、韦伯等人力图否定或取代马克思的社会理论，但实质上不过是以资产阶级的方式回应了马克思，并被马克思所驳斥或同化。对于这个问题，吉登斯既没有像巴特莫尔那样直接予以肯定，也没有简单地加以否定，而是在一种开放的资本主义发展史图景上进行批判性再诠释，从而比较客观、完整地揭示出了双方的对话—“继承”关系。最后，吉登斯对马克思和马克思主义采取了一种能够得到更多人认同的中间化立场。吉登斯力图同情地理解马克思和马克思主义，但又坚决拒绝“马克思主义者”标签；既肯定马克思的学说仍然具有当代相关性，但又始终强调它根本上是一种19世纪思想，因而存在着难以克服的历史局限性。他这种比较超越的中间化立场得到了同时代人的共鸣。

二、对历史唯物主义的反思性批判

在《资本主义与现代社会理论》之后，吉登斯对涂尔干、韦伯等其他古典社会理论家，以及作为社会学方法的结构主义、功能主义和解释社会学等进行了深入的反思性批判。在此基础上，他建构出了作为方法的结构化理论，并初步划定了对当代发达资本主义的认识框架。由于相信“对于任何试图理解18世纪以来横扫整个世界的大规模变迁的人来说，马克思有关资本主义生产方式的分析仍然是一个必要的核心”，吉登斯决定通过批判历史唯物主义来呈现自己的“历史解释的某些替代性因素”即结构化理论①，继而建构出自己的发达资本主义社会理论。

历史唯物主义批判三部曲陆续出版后，吉登斯得到了西方主流学术界的高度赞誉。按常理，吉登斯的这种成功应当遭到欧美马克思主义理论界的激烈批判才对。可实际情况是，当时欧美马克思主义理论界的反应不仅相当平和，而且比较积极。例如，主要致力于当代发达资本主义社会阶级结构问题研究的美国马克思主义社会学家赖特认为，这种批判属于严肃的学术交锋，值得马克思主义者和非马克思主义者认真研究。在具有托派背景的英国马克思主义哲学家柯林尼库斯看来，吉登斯的批判与超越尽管本质上是失败的，但它却是马克思主义者不能置之不理的。这说明，吉登斯的批判在相当大的程度上也得到了同时代马克思主义者的尊重。那么，吉登斯的批判何以能够受到理论界的普遍尊重呢？

首先，吉登斯的批判具有相当坚实的实践基础。他的历史唯物主义批判的目的就在于力图让同时代人去承认事实本身，即当代资本主义已经发生了深刻而重要的变化，以至于历史唯物主义更多地展现出自身不能直接适用于当代的“19世纪时期的思想特征”。具体地说，吉登斯认为：第一，当代发达资本主义的社会再生产过程变得空前复杂，经济、政治、军事、监控以及认识、情感、心理等诸多宏观、微观因素都参与其中，并且都有可能在特定条件下发挥决定作用；第二，随着社会再生产过程的变化，社会变迁具有了更强的偶然性和随机性，它们都取决于不同的环境因素和事件的关联，这种关联的性质因各种具体情境而异；第三，普普通通的个人的主体性日益增强，他们对社会再生产过程和社会变迁的影响也日益增强，以至于他们的理想性追求似乎具有了可以左右社会发展前途的能力。不管马克思主义者是否愿意承认，这些变化都客观地存在着，并

① 吉登斯：《历史唯物主义的当代批判》，第1、3页。

且对马克思主义理论构成一种不容忽视的挑战。

其次，吉登斯的批判包含许多同时代马克思主义者也都认同的观点。“滤合式建构”是吉登斯自身理论的一个突出特点。其实，这种“滤合式建构”同样也存在于吉登斯对历史唯物主义的批判中。换句话说，《历史唯物主义的当代批判》中相当数量的批判观点都可以从同时代马克思主义者那里找到某种形式的来源或灵感。在这个方面，吉登斯对“英国马克思主义”的选择性吸收尤其容易得到指认。举例来说，第一，1956 年以后，汤普森、威廉斯将批判的矛头直指苏联哲学教科书体系中的经济还原论倾向，强调“经济基础和上层建筑”仅仅是一种隐喻，社会生活中的各种因素都有可能发挥客观决定作用，这在“英国马克思主义”内部产生了长期而持久的影响；第二，在 1974 年出版的《从古代到封建主义的过渡》和《绝对主义国家的系谱》中，安德森通过类型学的分析比较，对马克思主义的社会形态理论进行了丰富和具体化，有效地纠正了传统马克思主义解释中的目的论倾向；第三，在 1978 年的《卡尔·马克思的历史理论：一种辩护》中，柯亨从功能解释的角度对历史唯物主义进行了系统的当代阐发，有力地增进了人们的理解；第四，20 世纪 60 年末至 70 年代末，影响巨大的“密里本德-普兰查斯之争”的焦点就是现代资本主义国家的本质及其自主性问题。

最后，吉登斯的批判具有一定的建设性。与许多非（反）马克思主义者不同，吉登斯的批判是以建设为目的的，即在批判、“扬弃”历史唯物主义之后，他还力图提供一种新的方法用于认识当代发达资本主义，这就是他的结构化理论。关于结构化理论，学术界的评价褒贬不一。但不能否认的是，它终究为理解当代发达资本主义条件下的主体与客体、个人与社会、行动与结构的关系，提供了一种可资借鉴的图式，尽管这种图式本身并不完美。应当说，吉登斯的历史唯物主义批判存在诸多过犹不及、似是而非之处，但他的这一工作无疑是值得尊重的。

三、理论创新之路的经验和不足

尽管吉登斯坚持认为历史唯物主义具有显著的“19 世纪时期的思想特征”，因而不能直接适用于当代，但这并不妨碍他在事实上选择了和马克思一样的理论发展道路，力图通过“哲学和社会科学的联盟”来达成自己的理论创新。应当讲,《资本主义与现代社会理论》之后,吉登斯对“哲学和社会科学的联盟”的理解日益深刻,践行也日益自觉,“联盟”的深度和广度不断增加,结出的理论成果也随之不断丰富。最终,这些帮助他跻身现时代最具影响力的理论家之列。然而,无论怎样高度评价吉登斯的成就,都必须看到:吉登斯始终没有达到马克思那样的高度,为当代思想提供真正不可超越的东西;不仅如此,与同样关注当代发达资本主义的变迁、同样践行“哲学和社会科学的联盟”的哈贝马斯相比,吉登斯的理论成果的持久影响力也要逊色不少。导致这种结果的原因非常复杂,不过,吉登斯的“哲学和社会科学的联盟”本身存在的缺陷也是不应忽视的。

首先,吉登斯的“联盟”缺乏真正的哲学基础。正如马克思所说,“任何真正的哲学都是自己时代的精神上的精华”,作为“文化的活的灵魂”,它必须能够发挥引领世界发展的作用,使世界也成为哲学的世界。① 只有与这种真正的哲学“联盟”,社会科学才能参与塑造时代精神的伟大事业当中,取得符合历史期待、具有持久价值的理论创新成果。与当代西方其他社会学家相比,吉登斯的一个与众不同之处就在于,他的社会理论有一个非常明确的哲学基础,即从马克思那里继承、“改造”而来的“人类创造历史”的命题。在《社会的构成》的序言中,他明确指出:“本书其实是对马克思那里常被引用的一段名言的深切反思。他指出,‘人们(或者让我们直接用“人类”这个词)创造历史,但不是在他们自己选定的条件下创造。’这话说得不错,他们就是这样创造着的。”不过他同时认为,“可当我们把这些表面上没有什么毛病的见解运用到社会研究中去时,引发出的问题又是多么的纷繁复杂!”②为了“解决”这些问题,他对马克思的命题进行了当代“改造”:第一,用抽象的“行动者”取代具有阶级色彩的“群众”;第二,用后现代主义的方式把现代性(当代发达资本主义)确立为历史发展的实际终结之处;第三,用“行动”与“结构”的相互作用“更新”马克思所说的物质生产和阶级斗争。一句话,吉登斯对马克思的命题进行了犬儒主义的改造,其实质是否定根本性社会变革的可能性,以诉诸恐惧的方式诱导人们认同、接受当代发达资本主义社会秩序,放弃改变世界的尝

① 参见《马克思恩格斯全集》第一卷,第220页。

② 吉登斯:《社会的构成》,李猛译,生活·读书·新知三联书店,1998年,第40—41页。

试甚至是想象。正因为如此，他明确表示：

> 今天，我们必须与天命论决裂，不论它采用的是什么方式。我们不接受资本主义孕育着社会主义的观点，也不接受有可以拯救我们的历史能动者的观点，不论它是无产阶级的还是其他阶级的，更不接受“历史”有任何必然方向的观点。我们必须承认风险就是风险……我们必须承认从人为风险到外部风险没有回头路可走。①

试想，以这样的哲学观念为基础，吉登斯怎么可能为已经迷失航向的时代重新确定正确的方向呢？

其次，吉登斯的“联盟”在学科结构上存在缺陷。吉登斯的理论视野非常开阔，涉猎广泛，并汲取了当代很多社会科学学科的理论成果。这使得他能游刃有余地发现并言说当代发达资本主义的很多新变化，有效满足人们的知识需求。不过，由于最初的学术路径依赖，吉登斯显然更关注并愿意吸收那些与个体、心理、微观有关的理论成果，而对某些宏观的社会科学成果特别是经济学成果关注不够。正是这种结构性的缺陷导致他在事实上未能对当代资本主义再生产过程中的变革及其社会效应形成完整准确的认识，容易被当代资本主义社会中那些仅仅在当下才具有重要性的社会因素所吸引，从而忽略被这些因素所覆盖、遮蔽起来的生产力、经济基础之归根结底意义上的决定作用。而马克思以降的思想史表明，经济学在研究、把握变化了的社会现实的过程中具有无可取代的基础性地位，这是因为经济基础对社会历史发展归根结底的决定作用：“这些生产关系的总和构成社会的经济结构，即有法律的和政治的上层建筑竖立其上并有一定的社会意识形式与之相适应的现实基础。物质生活的生产方式制约着整个社会生活、政治生活和精神生活的过程。”②这意味着，如果不弄清楚现实在经济层面所发生的变化，就不可能真正弄清楚现实在

---

① 吉登斯：《超越左与右：激进政治的未来》，李惠斌、杨雪冬译，社会科学文献出版社，2000年，第262页。

② 《马克思恩格斯选集》第二卷，第32页。

社会生活、政治生活、精神生活乃至个体心理等其他层面的变化。

最后，吉登斯的“联盟”成果未能获得充分的哲学提升。由于吉登斯以“后现代主义”的方式看待“理论”，认为“理论”并非必须用可以通过演绎而相互关联的一系列法则或概括来表述，因此，他拒绝像同时代绝大多数有世界性影响的社会理论家那样，对自己的研究结论进行高度抽象化的理论概括和论述，以使之更具哲学意味。也因此，在建构、表述自己的理论成果时，他倾向于以折中主义的方式对各种因素、各种维度或各种可能性进行面面俱到的阐述，而不明确表明自己的立场。也就是说，为了规避本质主义的危险，他矫枉过正地牺牲了理论的明晰性、深刻性和普遍性。最终，人们不再或者不愿像对待哲学那样严肃、认真地对待他的理论。对于吉登斯本人而言，这或许算得上是求仁得仁，但对于其理论的传播和接受而言，这绝对不能算是一件好事。

第三节　里夫金的跨学科研究方法

从实证的角度看，20 世纪末以降的美国，非学术公共知识分子的相对数量在减少，影响力更是江河日下。然而，杰里米·里夫金是这其中的一个异数。近 20 年来，他不仅逆势而上将自己的公众影响力推上顶峰，并且获得了巨大的学术影响力。2011 年，已经 66 岁的里夫金再接再厉，推出了他的第 19 本著作《第三次工业革命：新经济模式如何改变世界》。作为面向知识大众的学术畅销书，该书一经出版就全球热卖，对包括中国在内的许多国家和地区的政治领袖和产业精英产生了重要影响。里夫金为什么能有如此惊人的观念创新能力呢？这与他切实践行“哲学和社会科学的联盟”的创新方法有着密不可分的关联。

一、警惕发达资本主义

“乌托邦之死”是罗素·雅格比对当代美国思想所做的一个得到广泛认同的诊断。对此，他说：“乌托邦精神，即相信未来能够超越现在的这种观念，已经消失了……甚至很少有人想象未来，认为它不过是今天的复制品而已，这复制品有时候比今天稍微好些，但是一般而言要比今天糟糕……出现了一种新的一致性看法：不存在其他选择。这就是我们这个时代，一个政治衰竭和退步的时代的智慧。”①在这种“智慧”的启迪下，人们程度不同地接受了弗朗西斯·福山的历史终结论，把建立在自由市场经济基础上的美国式民主政治视为“人类最后一种政治形式”“人类意识形态发展的终结”，并认为它的存在意味着历史的终结。

很显然，里夫金从来都不是一个马克思主义者或社会主义者。但是，作为20世纪六七十年代美国新左派运动的积极参与者，他比较成功地抵御了当代发达资本主义社会新型极权主义意识形态的控制，始终保持着雅格比意义上的那种乌托邦精神。这在他的同时代人中是非常罕见的。

对里夫金而言，乌托邦精神首先表现为他对“美国梦”一以贯之的批判。在里夫金的著作中，“美国梦”是和美国人对美国的生产方式、生活方式、政治理想以及文化传统等的坚信不疑联系在一起的。无论怎样抨击、批判美帝国主义，里夫金同时代的绝大多数美国新左派都没有对“美国梦”产生过怀疑：“即便是在我们拒绝信仰的最黑暗的日子里，我们也依旧信仰着美国精神——对美国是一块特殊的土地、肩负着特殊使命的不懈信念……我们都保留着独一无二的美国意识，即：只要我们有足够强烈的愿望和决心来进行改变，那么在这个国家里就没有什么目标不能实现。”②里夫金则不然。1973年，他领导了波士顿油党大游行，号召抗议者发动以“能源自立”为目标的“第二次美国独立战争”。随后，他开始致力于对作为“美国梦”物质基础的传统能源体系和无限制的经济增长观念的批判，并通过1981年《熵：一种新的世界观》含蓄地表达了自己对“美国梦”的悲观看法：支撑“美国梦”的传统世界观是不健全的、垂死的，并在腐蚀它所创造的一切。正是因为有这种批判能力，里夫金总是能够发现那些被视为“美国梦”新成果的新科技革命的缺陷或危害：在人们欢呼“生物技术世纪”来临的时候，他警告人们生物技术世纪“很像是浮士德与魔鬼签订的协约”，其中既有光明的未来，也包含严重的危害；在人们为信息技术时代的来临雀跃不已的时候，他让人们意识到，高科技的应用不仅导致劳动生产率更高、利润更大，同时也导致更少的工作机会。进入21世纪

① 雅格比：《乌托邦之死：冷漠时代的政治与文化》，姚建斌译，新星出版社，2007年，“前言”，第1—2页。

② 里夫金：《欧洲梦：21世纪人类发展的新梦想》，杨治宜译，重庆出版社，2006年，第X页。

后，里夫金干脆通过标示自己对“欧洲梦”的向往，以显示自己对“美国梦”的离弃。

另一方面，乌托邦精神还表现为里夫金对不同于当下的未来社会的不懈想象。在当代西方，主流意识形态以诉诸恐惧的方式诱导人们放弃对历史必然性的追寻：“今天，我们必须与天命论决裂，不论它采用的是什么方式。我们不接受资本主义孕育着社会主义的观点，也不接受有可以拯救我们的历史能动者的观点，不论它是无产阶级的还是其他阶级的，更不接受‘历史’有任何必然方向的观点。”①在这种情况下，想象一种不同于当代发达资本主义社会秩序的替代选择，是需要勇气的。里夫金就是那为数不多的勇于想象的人之一。虽然从马克思主义的立场看，里夫金花费了近三十年才明晰勾画出来的理想社会——“欧洲梦”——并没有走出资本主义的窠臼，不过是“美国梦”的一个改良版，但是，就像他自己所说的那样，“羽翼初成的欧洲梦代表了人性对美好明天的最美好的渴望”，它的出现也意味着另一种历史的开端的可能。对于正渴望摆脱“美国梦”桎梏的当代世界而言，这已经非常难能可贵了。

二、深受马克思影响

在《马克思学说的历史命运》一文中，列宁指出，尽管马克思主义指导下的社会主义运动经历了不少曲折，但马克思主义本身始终以不同的形式获得了发展：“自马克思主义出现以后，世界历史的这三大时期中的每一个时期，都使它获得了新的证明和新的胜利。”②列宁的这一论断无疑也适用于马克思主义在此后一百多年的发展：尽管社会主义运动在 20 世纪末期遭遇巨大挫折，但马克思主义却在理论上和学术上获得胜利，成功地进入第二次世界大战后的西方思想文化主流，成为一种共有的思想财富。正是在这个意义上，德里达说：“全世界的男男女女们，不论愿意与否，甚至知道与否，他们今天在某种程度上都是马克思和马克思主义的继承人。”③对于里夫金这种全程参与了美国新左派运动的前“激进分子”而

---

① 吉登斯：《超越左与右：激进政治的未来》，第 262 页。

② 《列宁选集》第二卷，人民出版社，1995 年，第 308 页。

③ Jacques Derrida, *Specters of Marx: The State of the Debt, the Work of Mourning, and the New International*, p. 91.

言，马克思主义更是在其理智成熟的过程中留下了深刻的印记。因此，问题的关键并不在于里夫金是否受到了马克思的理论影响，而在于厘清他究竟受到了哪些影响。

首先，里夫金受到了马克思生产方式分析范式的深刻影响。生产方式分析范式是历史唯物主义的核心和精髓，也是马克思对 20 世纪西方思想发展影响最大的一个理论。由于马克斯·韦伯以降的西方主流社会理论都是在与马克思生产方式分析范式的批判对话中发展起来的，所以，安东尼·吉登斯说：“对于任何试图理解 18 世纪以来横扫整个世界的大规模变迁的人来说，马克思有关资本主义生产方式的分析仍然是一个必要的核心。”①里夫金自然也不例外。在人们眼中，里夫金是一个能源技术决定论者，因为他坚持认为能源机制塑造了文明的本质，决定了文明的组织结构、商业和贸易成果的分配、政治力量的作用形式，指导社会关系的形成与发展。然而，他的这种能源技术决定论说到底不过是对马克思生产方式分析范式的一种极端化转换。在马克思辩证地分析生产力与生产关系之间矛盾运动的地方，他深入地因而也是片面地分析了生产力内部的矛盾运动，并把能源机制确立为生产力内部的最终决定力量。里夫金认为，工业时代的变换器是根据我们赖以生存的非再生能源基础的要求建立起来的，而工业时代不过是这些变换器的代名词而已。所有工业化国家的阶级都依赖于非再生能源基础，非再生能源时代的结束意味着工业时代注定要结束。当非再生能源贮存告罄，以其为基础的全部经济上层结构便将开始土崩瓦解。

其次，里夫金的历史叙事与马克思主义社会形态理论具有异曲同工之妙。在《第三次工业革命》中，里夫金基于能源体系和通信技术区分出了三种工业革命，进而把资本主义时代划分为前后相继的三个阶段，从而建构出了一个完整的资本主义历史叙事。这让人很自然地联想到了马克思主义社会形态及其发展理论。

最后，里夫金的“欧洲梦”洋溢着青年马克思的人道主义精神。在里夫金那里，“欧洲梦”是作为“美国梦”的扬弃而存在的：欧洲梦注重群体关系而非个人自治，文化多样性而非同化唯一，生活质量而非财富积累，可

---

① 吉登斯：《历史唯物主义的当代批判》，第 1 页。

持续发展而非无限制的物质增长，深度游戏而非单调的持续劳作，普遍人权及自然界的权利而非只突出财产权，全球合作而非单边主义的霸权实践。这一下子就让人想到了马克思《1844 年经济学哲学手稿》中的异化理论和共产主义理论。

三、推进跨学科研究

作为一名社会批评家和畅销书作家，里夫金真正的思想纪元开始于 1977 年。是年，他与特德・霍华德共同创立了经济趋势基金会，致力于“检验正在崛起的科学技术趋势及其对环境、经济、文化和社会的可能影响”。在当时的学院派学者中，估计没有人会看好里夫金。首先，作为第二次世界大战后社会科学专业化程度不断提高的一个自然结果，西方思想界和知识界出现了越来越多只专注于局部问题研究的专家，在他们看来，里夫金要研究的课题是如此宏大，以至于是根本不可能完成的。其次，在自然科学的影响下，以经济学为代表的社会科学日益朝着数学的精确性以及定量分析的方向发展，由此观之，里夫金的研究至多只能给出定性判断和近似的趋势性结论，因而是不科学的，或者是前科学的。最后，里夫金的学科背景是经济学（1967 年毕业于宾夕法尼亚大学沃顿商学院，获学士学位）和国际政治学（1968 年毕业于塔夫茨大学法律与国际关系学院，获硕士学位），早期研究经历偏重于工厂民主。也就是说，他完成使命——研究科学技术的发展趋势及其影响——的基本条件都很欠缺，遑论研究优势。然而，让很多人惊讶不已的是，里夫金压根就没有受这些条条框框的影响，而是根据实际需要进行跨学科研究，从而在承接同时代人已有创新成果的基础上，综合创新出了一个又一个具有世界性影响的大观念。

作为一种新世界观的熵是里夫金运用跨学科方法创造出来的第一个具有世界性影响的大观念。1972 年，罗马俱乐部发表《增长的极限》报告，指出：由于地球的能源、资源和容积有限，人类社会的发展和增长必然有一定的限度。该报告一经发表就在世界范围内产生巨大反响。然而，由于这个报告的前瞻性太强，已经极大地超越了当时的常识，所以，它不仅在知识精英（自然科学家、社会科学家）和政治精英中引发了激烈争论，而且也让一般的知识大众感到困惑、不解和怀疑。那么，怎样才能更好地向知识大众阐明这种观念呢？里夫金先是引入近代物理学人所共知的熵定律，即热力学第二定律，表明：尽管能量是守恒的，但它的转化方向是不可逆的，即总是朝着对人类来说不可利用的方向转化。他继而借助赫尔姆霍茨的“热寂”学说警示大众：宇宙正无可挽回地走向死亡。最后，他充分调动哲学、心理学、经济学、政治学、社会学等各种学科资源对西方文化史进行了重新叙述，试图证明热力学定律制约着物质世界，如果人们不彻底认识熵定律，并改变发展的观念，人类社会将重蹈历史的覆辙，再次走向混乱无序和衰亡。尽管有个别科学家指责里夫金歪曲熵定律、误导大众，但谁也无法否认，里夫金的这个观念极其成功地改变了大众的观念，对当代世界历史进程产生了某种积极的作用。

“工作的终结”是里夫金于20世纪90年代在跨学科研究方面创立的另一个影响深远的大观念。90年代初，随着以计算机为代表的高新技术的大规模投入应用，第三次工业革命开始加速展开。经济精英和主流经济学家向大众承诺：一个激动人心的高技术自动化生产的新世界即将出现，那将使全球商业得到迅速发展，使物质财富前所未有地丰富。然而，劳动人民感觉到的却是失业的增加。为此，经济精英和主流经济学家宣称，由新技术的引入而导致的失业在不久的将来会由新技术所带来的新需求自行解决。为了驳斥这种幻觉，里夫金从技术史、经济史、管理学、社会学等方面入手，对第三次工业革命各个利害攸关方的现状和未来进行了全面分析，最终得出了一个令人震惊的结论：高新技术的发展和生产的日益自动化将导致“工作的终结”，即包括蓝领工人、白领工人和管理人员在内的大多数社会成员将失去工作，世界将重新陷入严重的两极分化和冲突动荡之中。应当讲，他的这一观念有力地扭转了人们对第三次工业革命前景过于乐观的估计。

至于第三次工业革命这个大观念，虽然它提出没有多久，其影响还需要更多的时间加以检验，但是，我们现在就可以得出结论的是，它的形成充分展示了里夫金在跨学科研究方面已经达到了一个前所未有的新高度、新境界。对里夫金来说，各个学科之间以及他本人和别人的创新成果之间的外在边界均已经消失，因此，他可以自由地游走、选取、想象，从而建构出一个完全属于他自己的第三次工业革命新乌托邦图景，并激发出人们改变世界的意愿和信心。套用一句古话，此时的里夫金在跨学科研究方面已经达到了一个从心所欲不逾矩的自由境界。

四、理论服务现实

在相同代际的非学术公共知识分子中,像里夫金这样善于进行观念创新的人并不在少数。然而,大浪淘沙,最后只有里夫金创造出了这么多具有深远影响的大观念。要想理解这个问题,就不得不提到他服务社会的理论自觉。

首先,里夫金以建设性的方式进行社会批评,即他的批评是以推动社会朝着更加良善的方向发展为目标的。作为一名经历过新左派运动的社会批评家,里夫金清醒地认识到,尽管当代社会存在诸多问题,甚至是极其严重的问题,但是,这些问题归根结底需要在这个社会中并通过这个社会得到解决。为批评社会而批评社会除了能够满足口舌之快外,并无益于社会问题的解决。因此,与相同代际其他许多具有左派背景的社会批评家不同,他的社会批评具有明确的建设性,即对他来说,批评不是目的而是手段,是推动社会朝着更加良善的方向发展的"鞭"与"策"。所以,一方面,他会以夸大其词的方式来讲述社会问题;但另一方面,他总是能够在"危"中发现"机",并努力化"危"为"机"。在已经回归理性和保守的当代社会中,这种积聚"正能量"的社会批评总能够得到更多的关注和认同。

其次,里夫金既"破旧"更"立新",他的大观念都提供了通向未来的变革"路线图",从而能够有效地凝聚社会共识,引领社会进步。国内的新闻出版界通常爱称里夫金为未来学家或未来预测大师,这并不准确。展望、描摹未来是里夫金和所谓未来学家共享的东西,但与此相比,里夫金更加关注如何走向未来,即探索通向未来的现实道路。换言之,他的那些大观念都提供了如何化"危"为"机"的变革"路线图"。虽然这些"路线图"通常都引发了广泛争论,但必须看到的是,就是在这些争论中,社会共识逐渐凝聚,社会进步也悄然启动。例如,里夫金早在20世纪90年代中后期就基本完成了第三次工业革命的观念创新,并在随后的一系列著作中不断呈现。尽管这一观念在美国和欧洲都遭到了不小的怀疑、抵制和反对,但他始终没有放弃,而是坚持周游列国,宣传、鼓吹、捍卫自己的理论。他的这种坚持最终使自己的"天方夜谭"逐渐转变为现实:2007年,欧洲议会批准了符合第三次工业革命的可持续经济发展模式;2008年的国际金融危机后，发达国家和地区的政府、企业界和民间社会开始激辩如何重新启动全球经济，在此过程中，第三次工业革命激发了越来越大的共鸣；2011年，基于对欧洲的第三次工业革命“试点”的反思与总结，他正式推出第三次工业革命观念，从而让这一观念在欧盟以外的其他国家和地区也引爆争论，开始生根发芽。

最后，里夫金采取了恰当的营销策略，有效扩大了自己的观念的社会影响力。作为一个经济学出身的公共知识分子，里夫金深谙“好酒也怕巷子深”的道理，因此特别注重自己观念的推广营销。现在看来，他的营销策略主要有三条：第一是成立专门的机构负责其观念的推广营销，事实上，经济趋势基金会后来的主要功能就是推广他的著作和演讲；第二是走高端路线，通过影响社会精英来影响整个社会，为此，1977 年以来，他坚持在世界五百强企业、政府机构、社会组织和大学中发表演讲以推广自己的观念，1994 年以后，他更是回到沃顿商学院出任总裁班的高级讲师，向那些国际顶级商业精英传播自己的第三次工业革命观念；第三是借助政策顾问这个渠道，对欧盟、欧洲议会以及欧洲一些主要国家的政府首脑进行“游说”，以推动自己的观念向立法和政策转变。事实证明，他的营销策略是成功的。

第四节　麦克卢汉不彻底的理论创新之路

在 20 世纪西方思想舞台上，马歇尔・麦克卢汉是一个让人困惑的传奇。60 年代中期，原本默默无闻的他凭借《理解媒介——论人的延伸》这一由无数神谕般的格言警句构成的论说文集闯入当代思想舞台的中心，并在与美国主流大众传媒热火朝天的互通款曲中，将自己打造成为“自牛顿、达尔文、弗洛伊德、爱因斯坦和巴甫洛夫以来最重要的思想家”。这种生前就颁布的“谥号”理所当然地遭到了学者们的讥讽和抨击。更加不妙的是，他流光溢彩的思想似乎并不能经受住世人的拷问和时间的打磨，很快就显得天真幼稚和陈旧落伍。于是，尽管大众传媒对他依旧青眼有加，但 70 年代以后，他风光不再，最终在落寞中辞世。不料，90 年代中期以后，随着信息高速公路的迅猛崛起，根本不知互联网为何物的麦克卢汉竟然咸鱼翻身，等来了自己的复兴，并被追谥为网络时代的“先知”。客观讲来，凭借“哲学和社会科学的联盟”式的理论研究路径，麦克卢汉确实有不少重要而精彩的思想，大多学者能够接受或者说默认他当代思想大师的地位。但他所走的“哲学和社会科学的联盟”式的道路有其形却乏其神，并没有真正从批判的立场出发进行理论探索，加之他诗性的思维以及自己所选择的学术“网红”式成名之路，决定了其成果在学术这块高地上难负盛名。

一、研究方法的突破

若论在普通民众中的观念影响力，20世纪西方思想家中恐怕鲜有人能与麦克卢汉比肩。“地球村”“部落化”与“重新部落化”“媒介即信息”“冷与热”……他抛出了一连串令人目眩的新术语、新观念。虽然民众对于这些术语、观念的准确含义不甚了了，有时候甚至都不知道麦克卢汉其人，但这并不妨碍他们头头是道地使用这些“流量热词”来表达对自己所处时代和所遭遇社会现象的感知。

麦克卢汉非常推崇加拿大学者哈罗德·伊尼斯，这主要是因为他的媒介思想受到伊尼斯直接而深刻的影响。他们被公认为传播学中“加拿大学派”的共同开创者。此外，还有一个很多学者都没有注意到的原因，即麦克卢汉极其欣赏伊尼斯晚期著作《传播的偏向》的论说文文体，并在《理解媒介》等作品中对这种文体风格进行了更为张扬的实践。不过，令人困惑的是，同样的文体，在伊尼斯那儿就没有遇到什么非议，而到了麦克卢汉这儿却成了最受学术界诟病和攻击的焦点之一。要解释这种截然不同的遭遇，就必须回到他们各自的学术经历中去。

伊尼斯原本是一名经济史学家。20世纪20年代以后，他长期致力于加拿大经济史的实证研究，出版了《加拿大的皮毛贸易》《鳕鱼业：世界经济史》等受到国际学术界赞誉的经典作品。主要是在探索价格形成机制的差异问题的过程中，他发现了传播的重要性，并在1940年以后全面转向传播学研究，留下了上千页未完成的手稿。在此基础上，他整理出版了《帝国与传播》《传播的偏向》和《变化中的时间概念》等作品。应当讲，这些作品不是严格意义上的学术论著，而是由演讲稿和一般意义上的文章构成的文集。也因为如此，伊尼斯没有沿用严格规范的学术论著的写法，而是采用了更具文采、更有可读性的论说文文体来表述自己的思想。

毋庸置疑的是，他的思想都是以严格的实证研究为基础的，尽管这些基础并没有直接展现在读者眼前。

和伊尼斯一样，麦克卢汉也是半路出家转行研究媒介的。不过，与伊尼斯不同，他的学术背景不是已经高度规范化和实证化的社会科学，而是传统的人文科学。事实上，在20世纪50年代初转向媒介研究之前，他的学院身份是一名不成功的文学批评家。在学术思想上，他是当时正方兴未艾的新批评学派的坚定追随者。该学派对他的影响十分深刻，以致后来在伊尼斯的影响下转向媒介研究以后，虽然他在方法论上也吸收了同时代一些社会科学的成果，不过其实质依旧是新批评学派的文学批评方法。具体说来，他的方法具有以下三个重要特征。

首先是有机整体论的主导视角。从传播技术的角度出发审视媒介的发展和社会的发展，这是伊尼斯和麦克卢汉共有的基本立场。不过，受马克思主义影响，伊尼斯主张在由经济、政治、文化和技术等构成的社会整体中来理解传播技术的形成、发展及其社会影响。麦克卢汉则不然。他承袭新批评学派的有机整体论立场，强调技术的自主性和独立性，从而把技术看作影响媒介、文化乃至社会发生的主要的，甚至是决定性的力量。其次是透过感性价值艺术地“直观”事物本质的“探索”方法。从现代社会科学角度看，麦克卢汉显然无所谓“方法”，而具有强烈的神秘主义倾向。为了替麦克卢汉摆脱这种尴尬困境，学界亦有研究者别出心裁地想到一个“解决”之道，极力证明麦克卢汉不仅有方法，而且有的还是体现了现象学最高成就之一的本质直观方法。姑且不论麦克卢汉是不是有可能知道现象学的本质直观究竟为何物，但有一点是可以肯定的，即“直观”确实是他的主要“探索”方法。从1951年3月14日“给伊尼斯的信”中，我们可以清楚地看到，麦克卢汉像新批评学派一样非常推崇象征主义，认为感觉和官能是把握事物本质的钥匙，因此，通过直接的参与和体悟即可以“探索”到媒介发展的本质。最后是类比或暗喻“证明”方法。由于本质是通过“直观”“探索”到的，所以，麦克卢汉根本不可能像学者们所期待的那样，以合乎逻辑的方式来证明自己的发现。正因为如此，他一贯反对逻辑证明，喜欢在不同的意向之间建立类比或暗喻关系来“呈现”自己的观点。由此不难看出，尽管身处传播学这个新兴社会科学领域，但麦克卢汉的思维在本质上依旧是诗性的。这就决定了他只能以论说文这种更切合诗性思维需要的文体来呈现自己的思想。

相对于伊尼斯，麦克卢汉对论说文文体的运用更加得心应手，也更加成功。他在论说文中，极为铺张华丽地运用了新批评学派所钟爱的各种修辞技巧，从而建构了大量让人耳目一新的类比或暗喻。乍一见这些类比或暗喻，人们或许觉得匪夷所思、不明就里，但很快就能凭借两个感性形象抓住那些格言警句的意指。尽管通常并不能够准确地说出这些意指究竟是什么以及为什么会如此，可对于绝大多数以了解新知为目的、浅尝辄止的普通读者来说，这已经足够了。因此，这种文体极大地提高了麦克卢汉的观念在普通读者群中的流行度。但转入学术界后，这种流行或成功就变得不可复制了。因为从逻辑思维的角度看，这些类比或暗喻首先不能清晰明确地定义自己所要呈现的新思想，其次经不住必要的学术批评、检验和讨论，最后更无法进行普遍的传播，供他人学习、引用和模仿。一言以蔽之，麦克卢汉这种靠"热词金句"在普通读者群中频繁"上热搜"的研究方式与现代社会科学所要求的学术规范完全是背道而驰的。

二、捍卫资本主义

从某种意义上讲，诗性思维在现代社会科学中遭受敌视、排斥是不可避免的，这归根结底是由现代社会科学崇尚实证的学科性质决定的。但真正值得注意的是，讥讽、抨击和批判他的不仅有原本就与他不合辙的社会科学学者，同时还有很多能够同情地理解甚至认可诗性思维的人文学者，而其中最有力者竟然是同样具有新批评学统的威廉斯和霍尔。要解释这一点，就不得不提到 20 世纪 50 年代中期以后西方学术界普遍的批判转向和麦克卢汉的"探索"的非批判立场。

我们再次回到 1937 年，法兰克福学派的主将霍克海默发表了《传统理论与批判理论》一文，对实际存在着的两种截然不同的认识方式进行了详细的阐述。其中，"传统理论"最核心的两个特征是对社会现实的肯定性态度和形式主义的认识论，与之截然相反的是，"批判理论"把"处于其总体性之中的、历史性的生活方式的创造者的人"作为自己的关注对象，并极为自觉地把阐明和合理化证明"人类获得的合理组织"当作自己的任务，因为"这种理论关注的不仅仅是现存生活方式已经推行的目标，而且包括人及其全部潜能”。[1] 应当讲，在20世纪50年代中期以前，“批判理论”只是(西方)马克思主义者的一种立场。但在50年代中期以后，随着新左派运动的日益高涨，“批判理论”的立场得到了越来越多西方学者特别是中青年学者的认同和支持，逐渐取代“传统理论”，成为学院中的主流立场。当然，对于大多数西方学者来说，接受“批判理论”并不等同于把社会主义作为资本主义的唯一替代选择。

麦克卢汉对资本主义现实始终持保守立场，尽管他厌恶讨论政治议题。从他的第一部著作《机器新娘》可以看出，对于商业广告的泛滥，他也是持批判态度的，因为这导致了人们宗教的和道德的“无助”，但是他并没有因此认为现行资本主义社会本身出了什么问题，相反，他认为：“我们目前已经进入了一个非常高级的阶段，这个阶段不仅充满破坏力，而且充满了希望，充满了新的发展势头。对了解新的发展势头的人来说，道德义愤是非常蹩脚的向导。”[2]他坚信，由商业广告的泛滥所导致的拜物教现象只是资本主义发展过程中的一个暂时的负现象，它终将会随着资本主义的发展而得到解决。麦克卢汉对于电力媒介的兴起感到欢欣鼓舞，他诗性地说道：“经过了一个世纪的电力技术发展之后，我们的中枢神经系统又得到了延伸，以至于能拥抱全球。”[3]可以说，在他看来，当代发达资本主义社会是一个重新部落化的阶段，也就是天主教所渴望重新回到的伊甸园或者新批评学派所期待再次降临的田园牧歌般的自然共同体状态。

众所周知，20世纪六七十年代，发达资本主义社会正经历着深刻的全方位的社会危机。反思、批判资本主义制度的弊病和缺陷，推动资本主义社会走向一种更加合理的状态，是当时西方知识界的主流。在这种大背景下，麦克卢汉逆潮流而动，以技术乐观主义的形式表达了对资本主义制度的肯定和支持，这自然引起了学术界的不满和鄙夷。事实上，面对麦克卢汉的这种坚定捍卫资本主义体制的非批判立场，连丹尼尔·贝尔这样的新保守主义者都觉得太过分了，以至于他不得不用含蓄的方式批评

---

① Max Horkheimer, *Critical Theory: Selected Essays*, pp. 244 - 245.

② 麦克卢汉：《机器新娘》，何道宽译，中国人民大学出版社，2004年，麦克卢汉自序，第3页。

③ 麦克卢汉：《理解媒介——论人的延伸》，何道宽译，商务印书馆，2000年，第2页。

麦克卢汉是自由资本主义的卫道士:“享乐主义时代还有它胜任的预言家——马歇尔·麦克卢汉。享乐主义时代是市场的时代……麦克卢汉这位作家不仅能利用编码方法为享乐主义时代下定义,而且在自己的文体中试用一套入时的公式,把这种时代的思想用号码表示出来……总之,马歇尔·麦克卢汉在很多方面是在为人类的梦想做广告。”①

面对麦克卢汉的蹿红,具有批判意识的学者(更不用说持明确的批判立场的左派和新左派学派)大多一笑置之,不愿或者不屑置评。在有影响力的欧美新左派学者中,只有威廉斯和霍尔曾以比较严肃的方式正式评论过麦克卢汉的媒介学说。作为剑桥大学三一学院的毕业生,威廉斯不仅是麦克卢汉的校友,而且也是新批评学派的传人。不过,与麦克卢汉将新批评传统直接应用于媒介研究不同的是,威廉斯批判地对待自己以往的传统,从而与霍加特、汤普森等人一起共同开创了文化研究这一全新的批判传统。20 世纪 50 年代末以后,威廉斯积极体验、观察、思考以电视为代表的新型媒介,逐渐形成了对电视的批判性认识。

对于麦克卢汉的《理解媒介》,威廉斯一开始颇有好感,但很快就意识到了它在理论上的危险性。他一语中的地指出,作为形式主义这种“美学理论不同寻常的顶峰”,麦克卢汉的媒介理论实际上已经在否定的意义上成了一种社会理论,从表面上看,它是一种技术决定论,而其本质是一种社会决定论、文化决定论;也就是说,它追认了我们现在所拥有的社会和文化,尤其是它们中间最强有力的内在发展方向的合法性,因为它通过对媒介进行非社会化处理,使得“现存社会权威”建构文化的生产、流通和消费的各个环节都晦暗不明了,从而“将现存利益和惯例最粗俗的主张装扮成了最鲜亮的先锋理论”。虽然威廉斯点到为止,没有说穿,但其结论其实已经显露无遗了。最终,在 20 世纪 80 年代中期的一次访谈中,被称为“文化研究之父”的霍尔把话挑开了:和当时风头正劲的后现代主义者一样,麦克卢汉不过是在美化资本主义现实。在霍尔看来,麦克卢汉不过是“后现代主义的先驱式的预言家”。

---

① 丹尼尔·贝尔:《资本主义文化矛盾》,赵一凡、蒲隆、任晓晋译,生活·读书·新知三联书店,1989 年,第 121 页。

三、辉煌之后的没落

根据麦克卢汉支持者的记述，在麦克卢汉被大众传媒包装成为学术明星之后，曾有个别学者按捺不住心中的愤怒，撰文予以讥讽和斥责，措辞异常激烈，近乎人身攻击。这些与麦克卢汉并无直接交往的学者为什么要对他如此恶语相向？归根结底，是因为他们完全不能认同麦克卢汉那种学术“网红”式的成名道路。这事实上代表了绝大多数学院派学者们的心声。

尽管麦克卢汉一举成名的时候还无所谓学术“网红”，但是，他的成名方式却正是沿着这一路数发展而来的。根据麦克卢汉的学生兼权威传记作者菲利普·马尔尚的记述，人们清楚地看到，麦克卢汉的大红大紫源于1965年初两个美国文化商人对他的再发现。

当时，凭借《理解媒介》，麦克卢汉已经突破边缘，开始挺进学术界舞台的中心，但当时学者们的反应并不是特别积极热情。这两个美国人就像推广一种新产品一样，以经纪人的形式开始“营销”麦克卢汉。首先，他们通过个人关系网在《老爷》《国家》等美国知名杂志上推介麦克卢汉。然后，他们安排麦克卢汉与大众传媒界的商业精英们聚会，从而赢得了后者的兴趣和支持。没过多久，《时代》《生活》《哈泼斯杂志》等美国顶级主流杂志也加入了吹捧、炒作麦克卢汉的行列。紧接着，电视、广播等媒体积极跟进。就这样，麦克卢汉一夜之间红遍大洋两岸。接下来的一切就变得顺理成章了：凭借巨大的大众知名度，他不知疲倦地投入价格不断高涨的商业演讲，赚得盆满钵满；同时，他就像资本家一样扩大再生产，雇用了6个以上的秘书帮助自己进行“思想”生产，换着花样地兜售《理解媒介》中的那些语焉不详的思想。“吃水不忘挖井人”，麦克卢汉并没有忘记将自己捧红的那些大众传媒界的恩主们，以咨询、策划等形式为后者提供服务，当然，这些同样不是免费的。名利双收居然如此容易，这让麦克卢汉感到非常满足，再不愿意蛰居多伦多这个“乡下”，决意前往纽约继续发展。应当讲，麦克卢汉在纽约的讲学算不上多么成功。不过，他日益觉得自己是一名有影响力的公共知识分子，因而应当承担起自己的社会使命，为自己忠贞信仰的天主教意识形态做贡献。正是基于这种动机，他最终介入自己以往感到厌恶的政治议题，对1968年的美国总统选举进行了公开评论，同时在自己新著中旗帜鲜明地表达了对越南战争的支持和对当时正如火如荼地进行着的学生运动的反对。可惜，“天妒英才”，日益恶化的健康状况让麦克卢汉归心似箭。1968 年秋季，他迫不及待地回到了爱恨交织的加拿大。不过，美国的大众传媒界并没有忘记他以及他对资产阶级主流意识形态所做的贡献，用自己的独特方式表达了对他的崇高致敬：1969 年，享誉全球的美国情色刊物《花花公子》刊发了对他的访谈，对他的“伟大”思想史地位进行了标榜。为麦克卢汉支持者所津津乐道的那种思想史评价，即“自牛顿、达尔文、弗洛伊德、爱因斯坦和巴甫洛夫以来最重要的思想家”，就是因为这个访谈而广为人知的。

以上应当就是绝大多数学院派学者如此反感、厌恶麦克卢汉的原因所在了。首先，他放弃了一个学者应当坚守的学院立场，全身心地投入与大众传媒狂欢的盛宴中去，赚取了巨大的经济利益。其次，他与大众传媒深度共谋，挂羊头（公共知识分子）卖狗肉（资产阶级主流意识形态的利益诉求），发挥了比较消极的社会作用。最后，他因为获得了巨大的媒体影响力而模糊了传媒和学术的边界，在日益膨胀的虚荣心的作用下，授意、纵容大众传媒授予他一些完全不切实际的学术荣衔，引发了普通人的认知混乱。反思以往，麦克卢汉的这些过失无疑是值得深思和引以为鉴的。

第四章　新时期对马克思主义理论的当代创新

经历数十年的发展，中国共产党愈发认识到，马克思主义之所以伟大，核心就在于它从来不是固定的教条，而是科学的方法论。随着历史的发展变革，它也会随客观条件的变化做出相应调整，从而成为帮助人们观察世界、分析问题和解决问题的有力思想武器。习近平总书记在纪念马克思诞辰 200 周年大会发表重要讲话时指出："理论的生命力在于不断创新，推动马克思主义不断发展是中国共产党人的神圣职责。"①站在新的历史起点，创新马克思主义理论以指导中国实践已成为全党全社会的共识。那么如何发展理论、创新理论呢？在理论创新的道路选择上，国内外的马克思主义者们事实上都做了近乎一致的选择，即辨清马克思主义作为科学的方法论的实质，以政治经济学作为理论基础，将科学的理论与现实实践充分结合，冲破不断细化封闭的学科壁垒，开展跨学科研究，从而发展出一套适合于人民、服务于人民的科学理论体系。从这个角度看，也可以认为，走"哲学和社会科学的联盟"的道路发展创新马克思主义理论也是以习近平同志为核心的党中央集体思维艺术的题中应有之义。

第一节　闪耀着历史唯物主义光芒的创新思想

党的十九大提出了习近平新时代中国特色社会主义思想。习近平新时代中国特色社会主义思想是当代中国的马克思主义，也是马克思主义中国化的最新成果。之所以认为习近平同志在推进中国马克思主义理论创新的过程中具有"哲学和社会科学的联盟"的特点，重要的一点就在于他清楚地认识到要发挥马克思主义理论的引领作用，就必须辩证地看待这一科学思想，坚持运用辩证唯物主义世界观和方法论，来提高解决我国

---

① 习近平：《在纪念马克思诞辰 200 周年大会上的讲话》，人民出版社，2018 年，第 27 页。

改革发展中基本问题的本领。

我们的时代,需要科学的理论思想引领。当今世界正面临着百年未有之大变局,对外而言,国际秩序正处在转型期,很多国际规则正遭遇挑战;对内来说,我国正处于全面深化改革的关键时期,许多过去的经验已不足以有效推动当前的改革发展。因此习近平同志很早就意识到,唯有下大力气推动理论创新,方能在迅速变化的时代中赢得主动,在新的伟大斗争中赢得胜利,从而在坚持马克思主义基本原理的基础上,以更宽广的视野、更长远的眼光来思考和把握国家未来发展所面临的一系列重大战略问题,并在理论上不断拓展新视野、做出新概括。习近平总书记在哲学社会科学工作座谈会上的讲话中指出:“当代中国正经历着我国历史上最为广泛而深刻的社会变革,也正进行着人类历史上最为宏大而独特的实践创新。这种前无古人的伟大实践,必将给理论创造、学术繁荣提供强大动力和广阔空间。这是一个需要理论而且一定能够产生理论的时代,这是一个需要思想而且一定能够产生思想的时代。”①这番讲话,既体现出高度的理论自信,又饱含对哲学社会科学工作者理论创新的期待,为广大哲学社会科学工作者坚定信心、担当历史责任、为党的思想理论建设做出应有的贡献指明了方向。

一、念好马克思主义理论的“真经”

在谈及理论创新时,人们往往会将工作重心放在如何寻找突破口这个点上,只看到他人之新而忽视了自己所长。因此在大力提倡推进马克思主义理论创新这个关键问题上,习近平同志从一开始就非常明确地提出是要在坚持马克思主义基本原理的基础上创新,而不是天马行空式的随意发挥。他强调:“中国特色社会主义理论体系归根到底是以马克思主义基本理论为指导的,是把这些基本理论同中国具体实际相结合的结果。马克思主义就是我们共产党人的‘真经’,‘真经’没念好,总想着‘西天取经’,就要贻误大事!不了解、不熟悉马克思主义基本原理,就不可能真正了解和掌握中国特色社会主义理论体系。”②

---

① 习近平:《在哲学社会科学工作座谈会上的讲话》,人民出版社,2016年,第8页。

② 习近平:《在全国党校工作会议上的讲话》,人民出版社,2016年,第15页。

我们党一直以来就有着学经典、用经典的优良传统。在党的历史上，毛泽东同志就非常重视用马克思主义基本理论教育干部，大力倡导干部要读马克思主义经典著作，在党内形成并推动了一种学经典、用经典的良好风气。改革开放以后，随着党的工作重心的转移，这种传统有所弱化。领导干部特别是中高级领导干部的读书风气淡了，经典著作也读得少了。习近平同志自继任以来，重提这一传统，带动了全党范围内马克思主义理论学习的热潮。

习近平同志在学经典用经典方面做出了极好的表率。早在福建时期公开发表的理论著述就已表明，习近平同志不仅坚持读经典，而且非常系统全面。一方面，他认真研读马克思恩格斯著作，努力回到本源，完整准确地理解马克思主义的基本原理。至于列宁和毛泽东的重要著作，以及《邓小平文选》、"三个代表"重要思想，更是他认真研读的对象。尤其值得一提的是，他对常为人们所忽视的斯大林著作也相当熟悉。另一方面，习近平同志非常重视马克思主义哲学著作的学习。在马克思主义的科学体系中，作为科学批判方法论的马克思主义哲学居于基础和核心的地位。这是由马克思主义的性质决定的："马克思的整个世界观不是教义，而是方法。它提供的不是现成的教条，而是进一步研究的出发点和供这种研究使用的方法。"①因此，掌握马克思主义哲学，是掌握马克思主义完整科学体系的重要前提。习近平同志认为，加强理论学习，就是要认真学习马克思主义的"基本理论"，"掌握科学的世界观和方法论"。② 他曾认真研读了《关于费尔巴哈的提纲》和《〈政治经济学批判〉序言》这两部专业性很强的经典文献，并准确地认识到，《关于费尔巴哈的提纲》"是一篇对辩证唯物主义主要原理进行高度概括的经典性文章"③，《〈政治经济学批判〉序言》则是"马克思首次从经济学和哲学相结合的高度对唯物主义历史观做出的精辟阐述"④，它们所阐发的马克思主义哲学原理是无产阶级及其

① 《马克思恩格斯选集》第四卷，第742—743页。

② 习近平：《跨世纪领导干部的历史重任及其必备素质》，《理论学习月刊》，1990年第11期，第34页。

③ 习近平：《略论〈关于费尔巴哈的提纲〉的时代意义》，《中共福建省委党校学报》，2001年第9期，第3页。

④ 习近平：《论〈《政治经济学批判》序言〉的时代意义》，《福建论坛》，1997年第1期，第1页。

政党认识、改造世界和进行社会主义革命与建设的重要思想武器。至于思想方法和工作方法，他则极大地受益于毛泽东哲学著作，特别是《矛盾论》《论十大关系》等专论辩证法的著作。他强调要“多讲一点辩证法”，用唯物辩证法的观点来研究、解决工作中遇到的各种矛盾，反对主次不分，抓不住重点的“瞎忙活”。①

习近平始终强调党员干部学经典用经典的重要性，并就为什么要学习马克思主义经典著作以及怎样学习等问题多次进行系统深入的阐发，立意高远、领会深刻。在他看来，党的各级领导干部特别是高级干部，要原原本本学习和研读经典著作，努力把马克思主义哲学作为自己的看家本领，坚定理想信念，坚持正确政治方向，提高战略思维能力、综合决策能力、驾驭全局能力，这样才能够增强团结、带领人民进步的能力。对于理论经典的学习也绝不止于掉书袋。在新的历史时期，党员干部学经典的方式也在不断拓展。全党上下建设多样化的学习平台，以更加丰富的形式、更加充实的内容使党员同志拥有更为便利的学习途径。以“学习强国”软件为例，这是我们党运用先进的媒介手段，贯彻落实习近平总书记关于加强学习、建设学习大国重要指示精神，推动全党大学习的一次创新探索；它将海量的信息集中于一处，使党员同志既能集中精力学习某一个重要讲话，也能利用碎片时间了解某一个小的知识点，是新形势下强化理论武装和思想教育的一次大胆创新，也使学习者能将理论与我国的建设实践联系得更加紧密。

在理论创新的过程中，习近平同志辩证地指出，要抵制僵化和西化的错误思潮。习近平同志掷地有声地指出，改革必须坚持正确方向，“既不走封闭僵化的老路，也不走改旗易帜的邪路”，理论创新也是如此。我们党在发展早期，曾受苏联教科书体系影响较深，这导致我们在革命过程中出现了一些错误，因此毛泽东同志及时提出要反对“本本主义”，要把马克思主义作为正确的方法论看待，与我们实际的发展状况结合起来。这一提法有效纠正了革命时期的错误路线，保证了之后的革命胜利。但我们仍要看到，在强调学习经典的过程中，部分同志由于理论学习不够扎实，没有彻底领会马克思恩格斯唯物辩证法的原意，因此会不自觉地将其作

① 习近平：《摆脱贫困》，福建人民出版社，1992年，第10页。

为不可改一字的“经典”，凡事必有所出处，从而脱离实际也脱离了群众，这事实上正是对经典的误读。另一方面，我们党近年来愈发认识到意识形态工作的重要性。西化思潮由来已久，20 世纪上半叶理论界就围绕是否要全盘西化的问题展开了大讨论；伴随着改革开放，西学热再度兴起，直到今天仍有部分人错误地认为凡是西方的都是好的。我们必须清醒地认识到，近年来，西方部分国家借西化思潮贬低改革开放和社会主义现代化建设成就的趋势日益明显且手段更加隐蔽和多样化，其目的就在于否定四项基本原则，夸大发展中存在的问题，甚至反对改革开放。面对这类问题，习近平同志一再强调，我们必须有扎实的理论功底，才能始终保持清醒头脑，在事关重大政治原则问题上决不动摇，面对错误的理论观点敢于“亮剑”，敢于与一切错误思想言论和行为做斗争，坚决反对西方敌对势力西化、分化的政治图谋，始终在大是大非面前旗帜鲜明，在风浪考验面前无所畏惧。

习近平同志始终以一种开放的心态面对马克思恩格斯的经典文本。正如“哲学和社会科学的联盟”的方法是具体社会历史条件下的产物，我们阅读马克思主义经典著作、掌握辩证方法，亦离不开本土的理论与实践土壤。习近平同志始终站在中国立场上，开放、辩证地对待马克思主义的经典文本。例如，他在重读《资本论》的时候，也认真研读了新古典主义、凯恩斯主义以及发展经济学的代表性论著，主张在一种比较的视野中理解、把握马克思主义政治经济学。不过，开放的心态绝不意味着立场的动摇。他始终坚定地站在中国立场上看待包括《资本论》在内的一切外来思想成果。在他看来，作为一种在西方古典经济学的基础上发展起来的经济学理论体系，马克思主义经济学同新古典主义经济学和凯恩斯主义主流经济学等现代西方经济理论一样，必然会带有西方历史、文化和哲学思辨的深刻印痕。由于中国有着不同于西方的文化、历史、哲学传统与环境，一些西方经济学的理论原理、管理方法和技术手段在引进中国之后，往往难以取得预期的效果，有些甚至失灵或者发生了反作用。因此，他主张正确认识“中国与西方国家在国情上的这些差异，要求我们的经济学家们在学习、借鉴西方经济理论来解决中国的经济问题时，必然重视人的复杂因素和关系所造成的复杂影响，切不可见物不见人，切不可套用西方的思维方式去认识分析和解决中国的经济问题。否则，无论愿望再好，都不能取得预期的效果”。[①] 也就是说，他反对一切形式的教条主义，主张包括马克思主义在内的外来理论必须与中国实际相结合。正因为如此，他非常重视毛泽东思想的学习、研究与继承，强调“毛泽东思想是马克思列宁主义基本原理同中国具体实际相结合的产物，是中国特色社会主义理论体系的重要思想来源，学习马克思主义经典著作要认真学习毛泽东同志的重要著作”。[②]

二、用发展的眼光看待问题

在习近平同志领导我国社会发展建设尤其是经济建设、统筹城乡发展的过程中，他不断强调马克思主义理论的现实指导作用，抓住了中国特色社会主义初级阶段的主要矛盾，提出要具体问题具体分析，辩证地看待我国社会发展过程中遭遇的诸多问题。随着我国经济发展进入新常态，许多从未遇到过的新问题、新局面出现了。这就需要领导干部能够深入实际，找到真正的问题，运用科学的辩证思想方法来分析问题、解决问题。习近平同志这种始终闪耀着历史唯物主义光芒的思想方法无疑是“哲学和社会科学的联盟”创新方法在当代的活学活用，值得党员干部以及理论学者学习借鉴。

创新马克思主义理论以指导中国实践已成为全党全社会的共识；唯有继续践行“哲学和社会科学的联盟”的道路，才能使我们的指导思想富有新的思路、新的战略、新的举措。“哲学和社会科学的联盟”是马克思所开辟的哲学发展之路的具体表现，其摒弃了“意识的空话”而代之以“真正的知识”，坚持与具体的实证科学研究相结合，从而以非哲学化的方式走向现实与实践，并最终成为超越自身抽象性及研究现实社会历史的方法指南。在由马克思所开创的这条崭新的哲学发展道路上，历史唯物主义坚持世界是普遍联系的观点，并在肯定整体与部分、全局与局部的存在互为条件的前提下，强调从全局出发来分析、解决问题。毛泽东同志曾以战争研究为例对此进行过非常精辟的阐述，强调不管是(关注全局的)战役

① 习近平：《对发展社会主义市场经济的再认识》，《东南学术》，2001年第4期，第37页。

② 《认真学习马克思主义经典著作 不断推进中国特色社会主义事业》，《人民日报》，2011年5月14日第1版。

指挥员,还是(关注局部的)战术指挥员,都应当了解“战略上的规律”,因为“懂得了全局性的东西,就更会使用局部性的东西,因为局部性的东西是隶属于全局性的东西的”。① 不过,认识、把握全局并不是一件轻而易举的事情。黑格尔认为,整体、全局和部分、局部都具有自己的独立性,但后者具有的是“直接的独立性”,而前者具有的是“反思的独立性”,因此,“整体不是抽象的统一,而是一个作为差异的多样性的统一”。② 也就是说,整体、全局并非以自在的方式直接呈现出来,而是需要主体根据自身的认识从直接存在的部分中建构出来。

实际上,在毛泽东同志的大力倡导下,我们党在延安时期以后就形成了重视学习、运用唯物辩证法的传统。对于广大党员领导干部来说,唯物辩证法的基本观点可以说是耳熟能详的。不过,掌握唯物辩证法的基本观点是一回事,将这些基本观点转化为指导工作的思想方法却是另外一回事。在掌握辩证的思想方法进而将之转化为科学的工作方法方面,习近平同志无疑是一位真正的行家里手。那么,他是如何在当代中国的具体历史语境中实现“哲学和社会科学的联盟”的呢?

习近平同志的方法论构成主要包括三个方面。第一,重视思想方法养成的自觉性。改革开放后,陈云同志曾非常有感触地指出:“要把我们的党和国家领导好,最要紧的,是要把领导干部的思想方法搞对头”。③ 在这个方面,习近平同志无疑是非常自觉的。他在浙江时期撰写的《之江新语》尽管没有将方法论直接诉诸文字,但重视思想方法的学习与养成是贯穿其中的一条主线。2015 年 1 月 23 日,政治局就辩证唯物主义基本原理和方法论进行第二十次集体学习。在主持学习时,习近平同志发表重要讲话,强调坚持运用辩证唯物主义世界观和方法论来提高解决我国改革发展基本问题的本领,从而使他此前一直引而未发的立场与态度得到第一次公开阐明。他说:

> 要学习掌握唯物辩证法的根本方法,不断增强辩证思维能

---

① 《毛泽东选集》第一卷,人民出版社,1991 年,第 175 页。

② 黑格尔:《逻辑学》下卷,杨一之译,商务印书馆,1982 年,第 160 页。

③ 《陈云文选》第三卷,人民出版社,1995 年,第 360 页。

> 力，提高驾驭复杂局面、处理复杂问题的本领。我们的事业越是向纵深发展，就越要不断增强辩证思维能力。当前，我国社会各种利益关系十分复杂，这就要求我们善于处理局部和全局、当前和长远、重点和非重点的关系，在权衡利弊中趋利避害、作出最为有利的战略抉择。①

第二，有学习与思考的自觉性。习近平同志主张："为政者需要学与思……善学善思，善作善成，不断提高自己、充实自己，增强为人民服务的本领。"为什么呢？因为只有不断地学习才能跟上时代发展的步伐，明确共产党人的远大人生志向，发现问题，进而思考，制订出科学的工作方案。总之，只有在学习与思考中，辩证的思想方法才能孕育成熟，才能转化为科学的工作方法，产生成功的实践。"唯有善学善思，才能把为政如农功般精耕细作，日夜思之；把为民如爱己般殚精竭虑，日夜牵挂，干出无愧于时代、无愧于社会、无愧于人民的业绩。"②

第三，能深入实际，找到真正的问题。辩证的思想方法是分析问题、解决问题的方法。只有发现了真正的问题，辩证的思想方法才能发挥自己应有的作用，否则，它就只能沦为没有对象的因而无用的"屠龙之技"。那么，怎样才能发现真正的问题呢？那就是调查研究。习近平同志在主政浙江期间曾号召"全省上下大兴调查研究之风"，并要求各级领导干部在调研工作中一定要保持求真务实的作风，努力在求深、求实、求细、求准、求效上下功夫，一句话，就是以实事求是的态度去发现问题、分析问题、解决问题。总之，就是"要加强调查研究，坚持发展地而不是静止地、全面地而不是片面地、系统地而不是零散地、普遍联系地而不是单一孤立地观察事物，准确把握客观实际，真正掌握规律，妥善处理各种重大关系"。③

---

① 习近平：《坚持运用辩证唯物主义世界观方法论提高解决我国改革发展基本问题本领》，《人民日报》，2015 年 1 月 25 日第 1 版。

② 习近平：《之江新语》，浙江人民出版社，2007 年，第 244 页。

③ 习近平：《坚持运用辩证唯物主义世界观方法论提高解决我国改革发展基本问题本领》，《人民日报》，2015 年 1 月 25 日第 1 版。

三、以辩证的思想推动创新

从习近平同志所掌握的辩证方法可以看到，习近平同志不仅求知善读，不断丰富自己的理论底蕴，更能学以致用，重视理论联系实际，从而真正掌握了普遍联系这一唯物辩证法的精髓。习近平同志强调理论联系实际，善于创造性地运用马克思主义经典著作中的立场、观点、方法分析和解决实际问题。实际上，早在1988年习近平同志任宁德地委书记时，他就开始思考如何脱贫致富这个大问题。在充分调查研究的基础上，他运用矛盾分析方法，提出并分析了正确处理闽东经济发展的六大关系：长期目标与近期规划的关系、经济发展速度与经济效益的关系、资源开发与产业结构调整的关系、生产力布局中的城市与山区的关系、改革开放与扶贫的关系、科技教育与经济发展的关系，为闽东地区脱贫致富、找到符合本地实际的经济发展道路，指明了方向。新旧世纪之交，经济全球化进程加速发展，我国的社会主义市场经济建设也进入了一个关键期，带着在现实中发现的问题，习近平同志重新研读了《资本论》《关于费尔巴哈的提纲》和《〈政治经济学批判〉序言》等经典著作，解决了诸多令人困扰的问题。对于当时非常受人关注的经济全球化和“虚拟社会”问题，他指出：必须

> 澄清人们对经济全球化存在的种种模糊认识，防止被缠绕其上的复杂表象所迷惑，将新经济和高新技术等形式和手段的发展误以为是经济全球化的本质，将“虚拟社会”误以为是人们创造的可以脱离现实社会而存在的又一社会形态，从而正确认识和把握经济全球化的本质，主动参与经济全球化，大胆实践，勇于创新，趋利避害，掌握主动，积累和形成后发优势，在经济全球化的大潮中努力跃上潮头，实现跨越式发展。①

针对当时甚嚣尘上的自由主义经济思潮，他则旗帜鲜明地指出：

① 习近平：《略论〈关于费尔巴哈的提纲〉的时代意义》，第5页。

> 在建立社会主义市场经济体制的过程中，要正确把握坚持社会主义基本制度与建设、发展市场经济的关系，既不能抱残守缺，把市场经济看作是与社会主义基本制度不相容的资本主义东西，也不能将社会主义基本制度忘在脑后，去单纯发展市场经济，而是要扬长避短地将社会主义基本制度的优越性与市场经济体制的优越性有机地溶合起来，使之在发展社会主义生产力方面发挥出巨大的合力作用。①

值得注意的是，习近平同志学习、运用马克思主义经典著作的境界非常高远。2003 年 7 月，也就是在从福建调往浙江工作 9 个月后，习近平同志借用王国维论治学的三境界说，阐发了领导干部学习理论的三种境界：

> 首先，理论学习上要有“望尽天涯路”那样志存高远的追求，耐得住“昨夜西风凋碧树”的清冷和“独上高楼”的寂寞，静下心来通读苦读；其次，理论学习上要勤奋努力，刻苦钻研，舍得付出，百折不挠，下真功夫、苦功夫、细功夫，即使是“衣带渐宽”也“终不悔”，“人憔悴”也心甘情愿；再次，理论学习贵在独立思考，学用结合，学有所悟，用有所得，要在学习和实践中“众里寻他千百度”，最终“蓦然回首”，在“灯火阑珊处”领悟真谛。只有这样，各级领导干部才能做到带头学、深入学、持久学，成为勤奋学习、善于思考的模范，解放思想、与时俱进的模范，学以致用、用有所成的模范。②

这实际上也是对他自己学经典、用经典的治学历程的一种反思与总结。

---

① 习近平：《论〈《政治经济学批判》序言〉的时代意义》，第 6—7 页。

② 习近平：《之江新语》，第 6 页。

第二节 对“以经济建设为中心”的当代理解

在现代创新理论的杰出代表弗里曼看来，马克思在经济领域中率先把技术创新看作推动经济发展与竞争提升的重要因素。应当说，马克思虽然并没有使用创新一词，但他是世界公认的创新理论先驱，其《资本论》就是创新理论的开山之作。[①] 在这部凝聚心血的作品中，马克思聚焦于生产力和生产关系，从无产阶级的立场出发，对资本主义的生产方式及其经济规律做出了深刻的剖析，其论述至今仍闪耀着真理的光芒。

继承马克思的政治经济学研究方法，依据当时中国的现实状况，邓小平同志在改革开放时期提出了以经济建设为中心、大力发展生产力的发展战略。他强调“现在要横下心来，除了爆发大规模战争外，就要始终如一地、贯彻始终地搞这件事，一切围绕着这件事，不受任何干扰”[②]，改革开放所取得的巨大成就充分证明了这一战略的正确性，也使它逐渐在广大党员领导干部、人民群众心中深深扎下根来。然而，知之非艰，行之惟艰，随着改革开放事业的不断发展及国内外环境的不断变化，部分人在坚持“以经济建设为中心”这一问题上产生了动摇甚至偏离。习近平同志则不然，他通过对马克思主义经典著作的研读，深刻认识到政治经济学在马克思主义理论中的重要地位，领会了“以经济建设为中心”的历史观意义和方法论精髓。从河北正定到福建、浙江、上海再到中央，不论工作岗位如何变化，他都始终站在全局的高度，牢牢把握经济建设这个中心工作，并随着矛盾的发展变化辩证地分析经济建设中的方方面面，创造性地开展工作，真正将坚持“以经济建设为中心”落到了实处。在纪念马克思诞辰200周年大会上的讲话中，习近平同志明确提出：“要学习马克思，就要学习和实践马克思主义关于生产力和生产关系的思想。”[③]由于“人们所达到的生产力的总和决定着社会状况”，因此生产力和生产关系、经济基础和上层建筑相互作用、相互制约，支配着整个社会的发展进程。应当

① 洪银兴：《中国特色社会主义政治经济学与〈资本论〉》，《新华日报》，2018年5月8日第15版。

② 《邓小平文选》第二卷，人民出版社，1994年，第249页。

③ 习近平：《在纪念马克思诞辰200周年大会上的讲话》，第17页。

说,“以经济建设为中心”是习近平同志将马克思主义科学方法论与中国具体实践相结合而得出的适应于我国未来发展的科学结论,是“哲学和社会科学的联盟”创新道路在中国建设中的重要体现。

一、“以经济建设为中心”的历史意义与当代内涵

总的来说,随着经济全球化进程的加速发展,新旧世纪之交,我国社会主义市场经济建设也进入了一个关键期,新观点、新问题不断涌现。社会上以及党内都出现了怀疑、否定继续“以经济建设为中心”战略的潮流。在此背景下,习近平同志重新研读了《资本论》《关于费尔巴哈的提纲》和《〈政治经济学批判〉序言》等马克思主义经典著作,深刻领会了“以经济建设为中心”的历史观意义和方法论精髓,除了澄清对“以经济建设为中心”的种种误解,更辩证地进行了理论阐释:其一,“以经济建设为中心”是唯物主义历史观的应有之义。基于对改革开放前所走弯路的反思,邓小平同志曾强调:“社会主义的本质,是解放生产力,发展生产力,消灭剥削,消除两极分化,最终达到共同富裕。”[①]对此,习近平同志以生产力与生产关系的矛盾运动为出发点指出,首先,生产力与生产关系的矛盾范式具有主体性和客观性的本质特征,一切生产都是构成社会主体的人的活动,而生产关系是由人的社会生产活动所产生的不以人们意志为转移的客观存在,马克思正是通过对生产力与生产关系的本质揭示,为历史唯物主义和政治经济学理论体系奠定了基础;同时,生产力与生产关系的矛盾是推动社会发展的根本动因,社会生产力发展到一定阶段便会同一定的社会关系发生矛盾,从而促使生产关系发生变革;此外,一定的生产关系的综合构成一定的经济基础,“生产关系的总和构成社会的经济结构,即有法律的和政治的上层建筑竖立其上并有一定的社会意识形式与之相适应的现实基础”[②],这个“总和”中也包括生产力与生产关系的内在联系,因而经济基础本身的变革归根到底也是生产力发展的必然要求。而邓小平社会主义本质的论断、对于“以经济建设为中心”的坚持恰恰是建立在生产力与生产关系矛盾运动规律的原理之上的。

---

① 《邓小平文选》第三卷,人民出版社,1993 年,第 373 页。

② 《习近平谈治国理政》,外文出版社,2014 年,第 94 页。

其二，“以经济建设为中心”抓住了中国特色社会主义初级阶段的主要矛盾。一方面，“以经济建设为中心”是中国社会主义道路的历史必然，是不同时期进行现代化建设的主流。作为身处改革开放大潮一线的“工程师”，习近平同志强调社会主义初级阶段和“一个中心、两个基本点”是辩证统一的。社会主义初级阶段的国情制约着经济建设的发展，同时又是一切经济建设的基石，基本国情归根到底是受到生产力发展水平决定的，“以经济建设为中心”恰恰是对基本国情问题解决的主要推进。另一方面，坚持“以经济建设为中心”是运用唯物辩证法对立统一法则的必然要求，即有关主要矛盾的问题。抓主要矛盾的方法是毛泽东研究辩证唯物主义而做的理论总结，而在社会主义的建设中这个主要矛盾就是经济问题。习近平同志强调必须时刻牢记初级阶段，长期坚持“以经济建设为中心”并将之作为执政兴国的第一要务。

其三，“以经济建设为中心”是坚持走中国特色社会主义道路的具体表现之一。习近平同志指出：“只有高举中国特色社会主义伟大旗帜，我们才能团结带领全党全国各族人民，在中国共产党成立 100 年时全面建成小康社会，在新中国成立 100 年时建成富强民主文明和谐的社会主义现代化国家，赢得中国人民和中华民族更加幸福美好的未来。”①而中国特色社会主义建设是在中国共产党的领导下，立足基本国情，在“以经济建设为中心”，坚持四项基本原则，坚持改革开放，解放和发展社会生产力的根本目标下进行的。因此，可以说坚持“以经济建设为中心”是坚持走中国特色社会主义道路的必由之路与重要保障，其蕴含的意义不仅是经济建设本身，更关涉我国整个社会主义建设的大局，而“以经济建设为中心”的战略也由此获得了更为丰富和深刻的历史内涵。

二、应辩证地看待“以经济建设为中心”

总的来说，一方面，经济建设本身必然受到不同历史时期的具体社会历史条件的制约，因此，经济建设需要随着客观条件的变化不断做出相应的调整与完善；另一方面，“以经济建设为中心”不是简单地追求经济发展中量的增长，更不能割裂其他方面而孤立地谈论经济发展，要辩证地看待

---

① 《习近平谈治国理政》，第 7 页。

经济发展中量与质、经济与政治的关系。具体而言，第一，习近平同志指出，“以经济建设为中心”必须具体问题具体分析，其本身面临着历史的、空间的差异，在“一个中心”的逻辑串联下就会延伸出种种现实的问题和冲突。因此，“不同质的矛盾，只有用不同质的方法才能解决”。[①] 比如，早在宁德主政时期，习近平同志就因时因地制宜，主要抓了四件事：一是解放思想，厘清发展思路；二是培养一支好的干部队伍；三是实实在在地抓扶贫；四是从闽东山海兼而有之的特点出发，念好“山海经”，抓好山海综合开发。[②] 他强调思想解放、观念更新，提出“弱鸟可望先飞，至贫可能先富”的辩证法，跳出老框框看问题，肯定了在有限力量发展情况下“弱鸟”先飞的可能性。并最终围绕“以经济建设为中心”走出了一条“弱鸟先飞”、脱贫致富的康庄大道。同时，习近平同志强调凡事“反求诸己”，着力激发、挖掘地区自身发展潜力，认为“贫困地区完全可能依靠自身的努力、政策、长处、优势在特定领域‘先飞’，以弥补贫困带来的劣势”。此外，习近平同志立场鲜明地否定脱离闽东实情而“另起炉灶”的开放沿海策略。他强调要“软硬结合”，提出“一个窗口，一个图章”，通过简化行政、明确引资法规等“软环境”建设来弥补闽东经济发展的“硬件”投资环境不足。在闽东经济得到一定发展后，习近平同志又适时地、提纲挈领地指出闽东经济建设的“六大关系”，提出“矛盾与解决矛盾的方法同时产生”。[③] 此后主政浙江期间，习近平同志则提出了“八八战略”，全面系统地总结了浙江省发展的八个优势，提出了面向未来发展的八项举措，推动了浙江经济社会可持续健康发展。无论身处何地，习近平同志都坚持“以经济建设为中心”，深入扎根各地发展实情，强调具体问题具体分析，从而成功实现当地的持续健康发展。

第二，要辩证地对待经济增长中的量与质。十八大以后，习近平同志反复强调，要全面认识持续健康发展和生产总值增长的关系，不要简单地以国内生产总值增长率论英雄，要求增长必须是实实在在和没有水分的增长，是有效益、有质量、可持续的增长，并对我国经济建设领域长期存在

---

① 《毛泽东选集》第一卷，第 320 页。

② 杨筱怀：《习近平：我是如何跨入政界的》，《领导文萃》，2000 年第 11 期，第 62 页。

③ 习近平：《正确处理闽东经济发展的六个关系》，《福建论坛》，1989 第 5 期，第 34—36 页。

的“唯GDP主义”提出了尖锐的批判。习近平同志始终辩证地对待经济增长，而在不同的发展时期与不同的工作岗位上，他对经济增长的理解和要求都是不同的。早在“九五”期间，习近平同志就已经把调整产业结构，实现经济增长方式的根本性转变，作为他经济工作的一个重大问题来研究，制定出“5＋2”的产业结构调整和发展格局，通过“两个90”，把培育和扶持支柱产业的规划和政策落实到一批骨干企业和项目上；强调经济发展的速度是这一时期“以经济建设为中心”的主要特征，更快先于更好；强调“在谋划新世纪产业结构调整优化的思路和规划时，必须有世界眼光，坚持从当今世界经济、政治、科技、文化发展的大背景中来考虑福建的产业结构调整大局”①，重视产业结构优化中的科技创新、体制改革、开放政策等多要素驱动。可以看到，在主抓福建经济时期，习近平同志的主体思路是强调经济的快速增长，从生产力发展的要素布局出发谋求增长，强调产业结构和经济结构的优化，而这也为他浙江时期的经济建设思路转换做了铺垫。主政浙江时期，习近平同志首先扭转了优先保增长的惯性思维，注重在良好的经济态势下不断积累的“体制性、结构性和素质性矛盾的进一步显现”，指出“要真正实现转变经济增长方式的目标，关键是要认识和处理好转变经济增长方式与实现经济增长速度的辩证关系”②，提出转变经济增长方式的辩证法。唯物辩证法认为，事物发展要经历从量变到质变再到新的量的积累的过程，量的积累到一定阶段必然促成质的飞跃是事物演变过程的客观的规律。强调经济增长方式转变，就是强调经济发展由量变到质变的飞跃，是习近平同志在浙江经济建设时期经济增长的量变质变关系的辩证法。经过三十多年的高速发展，我国已经成为世界第二大经济体。在此背景下，习近平同志对经济增长的理解和要求也变得更丰富、更辩证。他注意到，片面地追求经济增长速度会带来资源过度开发、环境严重污染、经济结构不合理等问题，因此他提出以加快转变经济发展方式为主线，“按照稳中求进的工作总基调，及时加强和改善宏观调控，把稳增长放在更加重要的位置”，确保经济发展的量的优化的同时强调“以提高经济增长质量和效益为中心”的经济发展，把经济发展

① 习近平：《福建省产业结构调整优化研究》，《管理世界》，2001年第5期，第8页。

② 习近平：《之江新语》，第158页。

的质的提升作为目标。[①] 可以看到，从闽浙时期的优化经济结构保经济增长速度，到兼顾经济结构调整和产业升级，再到进入中央加快转变经济发展方式，习近平同志的经济建设思想实现了“三级跳”。

第三，要正确处理政府与市场在经济发展中的辩证统一关系。在我国社会主义经济建设的历史和现实中，政府与市场之间的关系长期以来一直是一个备受关注、争议不断的问题。党的十八届三中全会明确提出，“经济体制改革是全面深化改革的重点，核心问题是处理好政府和市场的关系，使市场在资源配置中起决定性作用和更好发挥政府作用。”[②]认为社会主义市场经济是经济与政治的辩证统一，建立社会主义市场经济体制必须充分发挥经济和政治两个方面的优势。新旧世纪之交，我国社会主义市场经济建设进入关键时期，面对全球化进程的加速发展和自由主义经济思潮的盛行，摆正“社会主义”的位置，纠正经济自由主义倾向开始成为亟待解决的问题。在此问题上，习近平同志指出：“是什么问题，就解决什么问题，那种一遇问题不问青红皂白就在社会主义基本制度或市场经济体制上找‘岔子’的做法，是不可能使社会主义和市场经济的巨大优势得到充分发挥的。”[③]可见，主观地建构经济与政治之间的关系是偏颇的。应该看到，社会主义条件下的市场经济的发展也推进了政治体制的改革，并在优化经济资源配置的同时，优化了政治资源的配置，使社会主义民主政治建设不断加强，社会主义制度进一步趋于完善和巩固，经济政治化的特征和运动趋势也更加显著。同时，要充分认识到，不论是市场（经济）还是政府（政治），都是实现社会主义这一本质和目的的手段，彼此不能相互取代，而要相得益彰，取长补短。对此，习近平同志认为，资本主义经济规律揭示出来的合理因素，可以被经济发展落后的国家所运用，“商品经济是那些经济基础薄弱、发展落后的社会主义国家不可逾越的发展阶段……由半封建、半殖民地社会进入社会主义社会的中国更是如此。”[④]这意味着，社会主义初级阶段乃至整个社会主义经济建设的过程

---

① 《习近平谈治国理政》，第111页。

② 中共中央党史和文献研究院：《中共中央关于全面深化改革若干重大问题的决议》，《十八大以来重要文献选编（上）》，中共文献出版社，2014年，第513页。

③ 习近平：《对发展社会主义市场经济的再认识》，第37页。

④ 习近平：《对发展社会主义市场经济的再认识》，第37页。

都不应该脱离商品经济这一形式，其存在对于社会主义来说是必然的，也是必要的。市场经济在发展过程中形成的某些优越性，能够更快地发展社会生产力，但它自身存在着的自发性、盲目性、投机性等局限性，还需要政府发挥宏观调控作用，实现“扬长避短，趋利避害”。

第四，充分发挥市场在资源配置中的基础性作用是这一历史时期进行社会主义市场经济建设的重要原则，也是中国发展社会主义市场经济的本质要求。中国共产党人特别是习近平同志对市场经济的肯定不是来自主观想象，而是来自政治与经济辩证逻辑结合的自信。使市场在资源配置中发挥基础性作用，是社会主义初级阶段充分挖掘马克思对资本主义辩证批判的重要成果，是相对独立地理解经济过程后在政治层面上进行辩证反思的科学规划。习近平同志认为：“只要市场是作为一种经济运行机制或经济管理体制在发挥作用，市场经济的一般性原理及其内在发展规律同样都是适用的。”①这意味着，坚持市场在资源配置中的基础性作用有利于调节、改革社会主义初级阶段的生产关系，促进经济快速发展，符合我国社会主义初级阶段的基本国情，是这一历史时期坚持和发展社会主义市场经济的本质要求。

三、探索新常态下如何“以经济建设为中心”

在2014年亚太经合组织工商领导人峰会开幕式上的演讲中，习近平同志系统阐发了中国经济的新常态，并指出：“新常态也伴随着新矛盾新问题，一些潜在风险渐渐浮出水面。能不能适应新常态，关键在于全面深化改革的力度。”②那么，新常态下应当如何继续“以经济建设为中心”？

从十八大以来习近平同志系列重要讲话精神中可以看出，他主要思考并强调了以下三个方面的问题：第一，坚持“摸着石头过河”与“加强顶层设计”的辩证统一。习近平同志强调：“改革开放是一项长期的、艰巨的、繁重的事业，必须一代又一代人接力干下去。”③可以说，“摸着石头过

① 习近平：《社会主义市场经济和马克思主义经济学的发展与完善》，《经济学动态》，1998年第7期，第3页。

② 习近平：《谋求持久发展　共筑亚太梦想——在亚太经合组织工商领导人峰会开幕式上的演讲》，《人民日报》，2014年11月10日第2版。

③ 《习近平谈治国理政》，第67页。

河”之于改革开放有其历史必然性。时至今日，新常态下，习近平同志坚持“摸着石头过河，是富有中国特色、符合中国国情的改革方法”。同时，再谈“摸着石头过河”，是因为“摸着石头过河和加强顶层设计是辩证统一的”，因为“推进局部的阶段性改革开放要在加强顶层设计的前提下进行，加强顶层设计要在推进局部的阶段性改革开放的基础上来谋划”。[①] 可以看到，习近平同志的经济建设思想随着改革开放的进程而推进；随着改革开放的不断深化，“以经济建设为中心”的主题亦经历了从“摸着石头过河”到“加强顶层设计”。不谋全局者，不足谋一域。自“十二五”规划以来沿用的“顶层设计”思想，代表了习近平同志进入中央以后从改革开放全局高度探讨经济建设的思路。而在新常态下强调“摸着石头过河”和“加强顶层设计”的辩证统一，是习近平同志长期指导经济建设的深思熟虑与改革开放的历史性发展的统一。同时，“摸着石头过河”和“加强顶层设计”的辩证统一也是时代的必然要求。2014 年习近平同志考察河南时首次提出新常态，强调既要在战略上保持“平常心态”适应“重要战略机遇期”，又要在战术上“未雨绸缪”防范风险。[②] 所以，“摸着石头过河”和“加强顶层设计”的对立统一，也是习近平同志在新常态下战略和战术上的辩证统一。

第二，立足全球这一全局，打造“以经济建设为中心”的新战略。“伟大的国家应当参与伟大的事业，而‘一带一路’计划是真正伟大而具有历史意义的事业。”[③]2013 年 9 月和 10 月，中国国家主席习近平同志出访哈萨克斯坦和印度尼西亚时，先后提出共建“丝绸之路经济带”和“21 世纪海上丝绸之路”（以下简称“一带一路”）的重大倡议。“一带一路”是以习近平同志为总书记的党中央为应对全球形势深刻变化、统筹国际国内两个大局而主动做出的重大决策。“一带一路”倡议的确立有其特殊的历史渊源和时代意义，“一带一路”是新常态下建立在共商、共建、共享、共赢、“万隆精神”，以及和平共处五项原则基础上的“中国发展列车”。万隆会议召开的六十多年来，殖民主义、霸权主义格局走向瓦解，“相互尊重、协

---

① 《习近平谈治国理政》，第 68 页。

② 《深化改革发挥优势创新思路统筹兼顾　确保经济持续健康发展社会和谐稳定》，《人民日报》，2014 年 5 月 11 日第 1 版。

③ 《全球最大商机　促进各国繁荣》，《人民日报》（海外版），2015 年 4 月 6 日第 1 版。

商一致、照顾各方舒适度的亚洲方式”为正确处理国家关系、推动建立新型国际关系做出了卓越的历史性贡献。而对于建立在和平共处五项原则历史传统上的“一带一路”的新型合作关系，习近平同志指出：“亚洲国家逐步超越意识形态和社会制度差异，从相互封闭到开放包容，从猜忌隔阂到日益增多的互信认同，越来越成为你中有我、我中有你的命运共同体。”①“一带一路”已然是新常态，已然是中国实现合作共赢的经济发展道路上的历史性航标；再者，中国发展的列车行驶更加稳健，“一带一路”倡议是一个宏伟的规划，它是未来几十年中国与亚洲、非洲和欧洲国家合作的蓝图。“一带一路”秉持的是共商、共建、共享原则，不是封闭的，而是开放包容的；不是中国一家的独奏，而是沿线国家的合唱。在经济全球化时代，习近平同志提出“一带一路”是沿线国家“搭车”以及中国愿意“被搭车”，不再是简单的获利和给予，而是一种互惠互利的“双赢”。“独行快，众行远”，习近平同志指出：“迈向命运共同体，必须坚持合作共赢、共同发展。”“一带一路”是建立在双赢、共赢的新理念之上的多边合作格局，在追求自身利益时兼顾他方利益，在寻求自身发展时促进共同发展。而建立中国　东盟命运共同体、东亚经济共同体，必然要求坚持开放的区域主义。“夫物之不齐，物之情也。”迈向命运共同体，既要明鉴历史，更要在共赢发展的理念上坚持“以经济建设为中心”的“一带一路”倡议。

第三，着眼长远，抢占创新驱动这个未来制高点。习近平同志指出：“一个地方、一个企业，要突破发展瓶颈、解决深层次矛盾和问题，根本出路在于创新，关键要靠科技力量。”②要在新常态下实现经济的持续稳定增长，关键在于发现和培育新的经济增长点，努力形成新的产业优势，推动传统产业由“制造”走向“智造”。从要素投资驱动转向创新驱动，创新驱动的原动力作用日渐显现，这正是新常态下出现的一个新变化，依靠创新驱动，发展新产品、新模式、新业态、新产业，提升产业核心竞争力，推动产业向中高端迈进。马克思在《1857—1858 年经济学手稿》中提道：

① 习近平：《迈向命运共同体　开创亚洲新未来——在博鳌亚洲论坛 2015 年年会上的主旨演讲(2015 年 3 月 28 日，海南博鳌)》，《人民日报》(海外版)，2015 年 3 月 30 日第 2 版。

② 《深化改革发挥优势创新思路统筹兼顾　确保经济持续健康发展社会和谐稳定》，《人民日报》，2014 年 5 月 11 日第 1 版。

“……这些生产力中也包括科学。”[①]1988 年邓小平进一步将此发展为“科学技术是第一生产力”[②]。党的十八大做出了实施创新驱动发展战略的重大部署，强调“科技创新是提高社会生产力和综合国力的战略支撑，必须摆在国家发展全局的核心位置”。对此，习近平同志指出：“实施创新驱动发展战略，最根本的是要增强自主创新能力，最紧迫的是要破除体制机制障碍，最大限度解放和激发科技作为第一生产力所蕴藏的巨大潜能。”[③]十八大以后的以经济建设为中心的内涵不仅包含经济的量与质的增长和转变，而且要完成“从要素驱动、投资规模驱动发展为主向以创新驱动发展为主的转变”。在新常态下，习近平同志指出：“实施创新驱动发展战略是个系统工程。科技成果只有同国家需要、人民要求、市场需求相结合，完成从科学研究、实验开发、推广应用的三级跳，才能真正实现创新价值、实现创新驱动发展。”[④]“如果把科技创新比作我国发展的新引擎，那么改革就是点燃这个新引擎必不可少的点火系”，要实施“中国制造2025”，实现创新驱动，就必须深化科技体制改革，破除一切制约科技创新的思想障碍和制度藩篱。

第三节　从全局性战略高度思考农村问题

我们国家幅员辽阔、人口众多、资源分布不均衡，要想实现“两个一百年”奋斗目标、实现中华民族伟大复兴的中国梦，就需要开展跨学科、跨地域、跨文化的协同创新实践，深化改革创新，形成充满活力的科技管理和运行机制。对于中国这样一个传统农业大国，重农固本是安民之基，也是治国之要。习近平同志对当前的农业发展有十分深刻的理解，他以哲学家的战略眼光综观国内的总体局势，运用辩证唯物主义和历史唯物主义哲学思维，从全面建设社会主义现代化国家的战略高度思考我国的农村发展问题。在他看来，解决好“三农”问题始终是全党工作的重中之重，要明确思路，深化认识，切实把工作做好，促进农业全面升级、农村全面进

① 《马克思恩格斯全集》第五十七卷(下)，人民出版社，1986 年，第 211 页。

② 《邓小平文选》第三卷，第 274 页。

③ 《习近平谈治国理政》，第 121 页。

④ 《习近平谈治国理政》，第 124 页。

步、农民全面发展。在此基础上，习近平同志特别提出，绝不能把“三农”问题仅局限在农村范围内来谈，而是要打开视野，从区域协调发展的高度，把解决“三农”问题作为国家发展建设中的全局性、历史性的任务来看待，把加快推进城市化进程作为解决“三农”问题的根本途径。

“三农”非小事，而是事关改革开放与经济建设全局的重中之重。回溯历史可以看到，我国的改革开放事业最早起步于农村，也最早在农村取得显著成效。相比之下，直到 1992 年邓小平同志南方谈话后，城市改革才迅速发展起来，中国经济亦由此开始腾飞。在这一具有转折性的时代背景下，农村反而逐渐成为被改革“遗忘”的角落，以致在新世纪初，有人曾大声疾呼：“农民真苦，农村真穷，农业真危险。”至此，“三农”问题以触目惊心的方式呈现在国人面前并成为亟待解决的重要矛盾。从黄土地走出来的习近平同志深刻意识到了这一点。那么，应当如何看待“三农”问题？又应当以怎样的方法推动这一重大问题的解决呢？

一、“三农”问题事关大局

第一，解决“三农”问题是实现脱贫致富的基本条件。1988 年，习近平同志任福建宁德地委书记。在宁德工作期间，他带头“四下基层”，对宁德地区的特点和历史做了详细的调查和认真的思考。从反映他这一时期工作思考的《摆脱贫困》一书中，我们可以明确地看出，虽然其关注的工作涉及方方面面，但中心只有一个，那就是经济建设。虽然地处改革开放最前沿的福建，但宁德却是一个相对贫困的落后地区。如何才能摆脱贫困？深入的调查研究使得习近平同志真切地认识到，“闽东的经济建设问题，可以说在很大程度上就是农民问题。农民占人口的绝大多数，这是基本区情。农业是闽东的一个特点，也是一个优势。”①那么，闽东要走什么样的经济发展道路呢？他旗帜鲜明、立场坚定地认为，关键在于农业、工业这两个轮子怎么转。可以说，在这里习近平同志深刻地看到了农业与工业发展之间的辩证关系，明确二者绝非彼此独立的存在；他认为，合理运用好农业与工业发展的特征与优势，并将二者有机地结合起来，将会在很大程度上收到事半功倍的效果。正因如此，我们可以看到，在他为闽东经

① 习近平：《摆脱贫困》，第 54 页。

济发展归纳总结出来的六种辩证关系中,“三农”问题渗透在方方面面,且具有十分重要的地位。

第二,解决“三农”问题是促进社会发展的必然要求。离开宁德后,习近平同志转任福州市委书记,并逐渐走上省部级领导岗位。然而不管工作岗位如何变化,他都一如既往地重视“三农”问题。在他的领导下,福建省委也高度重视“三农”工作,并取得了新的进展。

> 随着农村工作三大历史性任务的如期完成,我省的扶贫开发和小康建设工作也进入了一个新的发展阶段。当前和今后一个时期全省扶贫开发和小康建设的总的要求是:高举邓小平理论伟大旗帜,以党的十五大精神为指导,巩固和发展全省扶贫开发和小康建设成果,积极推进宽裕型小康建设,到 2000 年全省人民生活全面达到小康,到 2010 年实现更加宽裕,为建成海峡西岸繁荣带创造强大物质技术基础和社会发展基础。①

可以说,农村工作历史性任务的完成在很大程度上为实现小康社会及经济基础建设提供了强有力的推动力。

第三,解决“三农问题”是建设社会主义新农村的重要保障。2002年,习近平同志调任浙江,先后任省长、省委书记。在这一时期,他对“三农”问题的关注度不仅没有下降,反而提升了。原因在于,首先,“三农”问题得到了党的高度重视。中央文件明确要求做到“农业结构稳步调整,农村经济稳步发展,农村改革稳步推进,农民收入稳步增加,农村社会继续保持稳定”。② 全国掀起了关注“三农”、重视“三农”的热潮。其次,“三农”问题上升为党和国家的战略工作。在十六届四中全会上,胡锦涛同志提出“两个趋向”的重要论断,即:在工业化初始阶段,农业支持工业、为工业提供积累是带有普遍性的趋向;在工业化达到相当程度后,工业反哺农业,城市支持农村,实现工业与农业、城市与农村协调发展,也是带有普遍

---

① 习近平:《总结经验,再接再厉,开创农村扶贫开发和小康建设新局面》,《中国农村小康科技》,1998 年第 10 期,第 5 页。

② 《中共中央国务院关于促进农民增加收入若干政策的意见》,《人民日报》,2004 年 2 月 9 日第 1 版。

性的趋向。这为重新认识“三农”问题指明了方向。最后,“三农”问题在浙江得到了充分的实践。浙江的经济社会发展水平处于全国前列,具有明显的特殊性,这些浙江现象、浙江问题为习近平同志重新思考“三农”问题提供了新的条件和视角,使他对“三农”问题的理解达到了一个全新的高度。正如习近平同志指出的那样:“解决好‘三农’问题是全党工作的重中之重。建设社会主义新农村,就是落实‘重中之重’要求的理论归宿和实践选择。我们一定要全面准确地学习领会这一重大命题的深刻含义,把‘重中之重’的要求真正落实在思想上、行动上、措施上。”①

第四,解决“三农问题”是全面建成小康社会的根本选择。十八大以后,习近平同志多次发表重要讲话,阐明“三农”问题在全面建成小康社会中的重要地位。他强调:“一定要看到,农业还是‘四化同步’的短腿,农村还是全面建成小康社会的短板。中国要强,农业必须强;中国要美,农村必须美;中国要富,农民必须富。”②他坚持把解决好“三农”问题作为全党工作的重中之重,坚持工业反哺农业、城市支持农村和多予少取放活的方针,不断加大强农惠农富农政策力度,始终把“三农”工作牢牢抓住、紧紧抓好。2015 年 6 月 18 日,习近平同志参加了在贵州召开的部分省区市党委主要负责同志座谈会,并听取了关于“十三五”时期扶贫开发工作和经济社会发展的意见和建议。他再次强调,“十三五”时期是我们确定的全面建成小康社会的时间节点,全面建成小康社会最艰巨最繁重的任务在农村,特别是在贫困地区。各级党委和政府要把握时间节点,努力补齐短板,科学谋划好“十三五”时期扶贫开发工作,确保贫困人口到 2020 年如期脱贫。这吹响了我党解决“三农”问题攻坚战的新号角。可以说,在面对新的历史时期所凸显的“三农”问题时,习近平同志始终以现实社会历史条件为依托,从全局出发抓住工作的重中之重,切实关注具体问题,探究具体方法,从而在解决“三农”问题的过程中走出了一条科学创新之路。

① 习近平:《之江新语》,第 190 页。

② 《中央农村工作会议在北京举行》,《人民日报》,2013 年 12 月 25 日第 1 版。

二、要从全局高度统筹城乡发展

事实上，马克思恩格斯早在《共产党宣言》中就曾指出，获得政权的无产阶级应当“把农业同工业结合起来，促使城乡之间的差别逐步消灭”①。消灭城乡差别亦是我国现代化建设进程中必须完成的一项任务。中华人民共和国成立以来，特别是改革开放以后，我党一直在探索具有中国特色的城乡一体化发展道路。就此而言，习近平同志可以说是一位真正的探路者，从福建时期开始，统筹城乡发展就一直是他努力思考、实践的核心议题之一。十八大后，我们党在系统总结历史经验的基础上，更是制定出了健全完善的城乡发展一体化机制，指出城乡二元结构是制约城乡发展一体化的主要障碍，认为“必须健全体制机制，形成以工促农、以城带乡、工农互惠、城乡一体的新型工农城乡关系，让广大农民平等参与现代化进程、共同分享现代化成果”。② 从渐趋健全与完善的机制中，我们不难领略到习近平同志以辩证思想解决复杂难题的方法论基石与现实基础，即立足中国国情，紧紧抓住“三农”问题这个重要矛盾；着眼全局，在现代化的总体进程中统筹谋划“三农”问题的解决；顺应发展趋势，借力工业、城市的发展推动“三农”问题的彻底解决。

习近平同志不仅重视“三农”问题，而且善于解决“三农”问题。他总是从经济建设这个中心出发，从全局高度统筹“三农”问题及城乡发展，具体表现在以下几个方面。第一，强调农业与其他产业的辩证关系。在宁德工作期间，习近平同志指出要使闽东摆脱贫困，“就必须走一条发展大农业的路子”。何谓大农业？“大农业是朝着多功能、开放式、综合性方向发展的立体农业……大农业是面对市场的有计划的商品经济。”③更重要的是，这种大农业绝不是就农业而农业，而是处于经济建设全局之中与经济建设其他部分特别是工业积极互动的，大农业的思路是离不开以工补农和以工促农的。因此，他主张集中各方面力量，充分发挥宁德的山海优势，以“经济大合唱”的形式发展农业生产力。

---

① 《马克思恩格斯全集》第四卷，人民出版社，1958 年，第 490 页。

② 《习近平谈治国理政》，第 81 页。

③ 习近平：《摆脱贫困》，第 178 页。

第二，强调农业与统筹城乡发展的辩证关系。习近平同志在浙江工作期间，统筹城乡发展、解决“三农”问题的思想得到进一步系统完善。他强调：“我们穷在‘农’上，也只能富在‘农’上。小农经济是富不起来的，小农业也是没有多大前途的，我们要的是抓大农业。”[①]那么，怎样发展浙江的大农业呢？首先，要把农业、农村和农民问题视为一个有机整体。解决“三农”问题必须立足农业这个基础、农村这个主战场、农民这个核心，从而促进农业农村的发展。其次，要把“三农”问题放在全面现代化建设全局之中。将“三农”问题与其他方面割裂开来，就“三农”论“三农”是无法从根本上解决问题的；只有跳出“三农”抓“三农”，用统筹城乡发展的思路和理念，才能切实打破农业增效、农民增收、农村发展的体制性制约，从而在根本上破解“三农”难题。最后，要正确处理“三农”问题的五个要点，即务必执政为民重“三农”，务必以人为本谋“三农”，务必统筹城乡兴“三农”，务必改革开放促“三农”，务必求真务实抓“三农”。习近平同志坚持以唯物辩证法的基本原理为方法论指导，从全局出发，紧抓重点，从而为浙江解决“三农”问题、实现社会经济协调可持续发展指明了方向。这一时期，统筹城乡兴“三农”的思想表现为：

> 就是站在经济社会发展全局的高度，确立以统筹城乡发展的方略解决“三农”问题的新思路，实行工业反哺农业、城市支持农村的方针；就是把农业发展放到整个国民经济发展中统筹考虑，把农村的繁荣进步放到整个社会进步中统筹规划，把农民的增收放到国民收入分配的总体格局中统筹安排；就是把农村和城镇作为一个有机统一的整体加以统筹协调，充分发挥城市对农村的带动作用和农村对城市的促进作用，形成以城带乡、以工促农、城乡互动、协调发展的体制和机制。[②]

第三，强调统筹城乡发展与实现城乡一体化的相互促进关系。十八大以后，习近平同志总结了自己在福建特别是浙江工作时期的实践经验，

---

① 习近平：《摆脱贫困》，第4—5页。

② 习近平：《之江新语》，第103—104页。

从全局着眼使统筹城乡发展的思想达到了一个全新的高度，形成了两个新的特点。一是对统筹城乡发展的认识更深刻，通过实现城乡一体化促进城乡均衡发展。“推进城乡发展一体化要坚持从国情出发，从我国城乡发展不平衡不协调和二元结构的现实出发，从我国的自然禀赋、历史文化传统、制度体制出发，既要遵循普遍规律、又不能墨守成规，既要借鉴国际先进经验、又不能照抄照搬。”①二是对统筹城乡发展的要求更高，通过完善城乡发展一体化体制机制推动城乡统筹发展。习近平同志对统筹城乡发展提出了更多、更全面的要求，包括建立完善新型农业经营体系、赋予农民更多财产权利、实现城乡要素平等交换和公共资源均衡配置等。城乡发展一体化是解决“三农”问题的根本途径，是实现城乡统筹发展的重要手段。城乡一体化是一项重大而深刻的社会变革，不仅是思想观念的更新，也是政策措施的变化；不仅是发展思路和增长方式的转变，也是产业布局和利益关系的调整；不仅是体制和机制的创新，也是领导方式和工作方法的改进。城乡一体化是改革发展红利的调节器，让农民享受到与城镇居民同样的文明和实惠，使整个城乡经济社会全面、协调、可持续发展。

三、健全城乡一体化发展机制

改革开放四十多年，城乡一体化发展已经取得了巨大成就，但问题和矛盾依然存在。“改革开放以来，我国农村面貌发生了翻天覆地的变化。但是，城乡二元结构没有根本改变，城乡发展差距不断拉大的趋势没有从根本上得到扭转。要从根本上解决这些问题，必须推进城乡发展一体化。”②那么，如何才能有效实现城乡一体化发展呢？第一，借城镇化之力实现城乡一体化。首先，城乡一体化机制符合唯物史观关于城市化的发展规律。恩格斯曾指出：“所以到目前为止的历史总是像一种自然过程一样地进行，而且实质上也是服从于同一运动规律的。”③中国的城镇化发

① 习近平：《健全城乡发展一体化体制机制　让广大农民共享改革发展成果》，《人民日报》，2015 年 5 月 2 日第 1 版。

② 《中共中央关于全面深化改革若干重大问题的决定》(2013 年 11 月 12 日中国共产党第十八届中央委员会第三次全体会议通过)，《人民日报》，2013 年 11 月 16 日第 3 版。

③ 《马克思恩格斯选集》第四卷，第 697 页。

展同样有必须遵循的客观规律。大力推进新型城镇化，实现城乡一体化，是社会经济发展的客观要求。2014 年 3 月公布的《国家新型城镇化规划(2014—2020 年)》指出："根据世界城镇化发展普遍规律，我国仍处于城镇化率 30%—70%的快速发展区间，但延续过去传统粗放的城镇化模式，会带来产业升级缓慢、资源环境恶化、社会矛盾增多等诸多风险，可能落入'中等收入陷阱'，进而影响现代化进程。"①十八大以来，以习近平同志为代表的党中央多次强调，推进城镇化建设不能以牺牲农业和粮食、生态和环境为代价，要着眼农民，涵盖农村，实现城乡基础设施一体化和公共服务均等化，促进经济社会发展，实现共同富裕。城镇化的发展要义就是要形成以工促农、以城带乡、工农互惠、城乡一体的新型工农城乡关系，让广大农民平等参与现代化进程、共同分享现代化成果。其次，城镇化发展是城乡发展进程的重要推力。《中共中央关于全面深化改革若干重大问题的决定》指出："城乡发展不平衡不协调，是我国经济社会发展存在的突出矛盾，是全面建成小康社会、加快推进社会主义现代化必须解决的重大问题。"②习近平同志强调要继续推进新农村建设，使之与新型城镇化协调发展、互惠一体，形成双轮驱动。城乡一体化是中国最大的改革红利。城镇的星罗棋布是农村经济增长的有力依托。城镇可以把大中城市与广大农村连接起来，有效地提高农民的收入，带动农村的发展。走城镇化的道路，要加快改革户籍制度，破除城乡二元对立，在体制机制上推动城乡一体化。

第二，借城镇化之力推进农村发展、农业现代化。习近平同志强调："要坚持以改革为动力，不断破解城乡二元结构。要完善规划体制，通盘考虑城乡发展规划编制，一体设计，多规合一，切实解决规划上城乡脱节、重城市轻农村的问题。"③首先，要加强农业基础地位，走中国特色农业现代化道路。建立以工促农、以城带乡长效机制，形成城乡经济社会发展一体化新格局。要坚持把发展现代农业、繁荣农村经济作为首要任务，加强农村基础设施建设，健全农村市场和农业服务体系。要加大支农惠农政

① 《国家新型城镇化规划(2014—2020 年)》，《人民日报》，2014 年 3 月 17 日第 10—12 版。

② 《习近平谈治国理政》，第 81 页。

③ 习近平：《健全城乡发展一体化体制机制　让广大农民共享改革发展成果》，《人民日报》，2015 年 5 月 2 日第 1 版。

策力度，严格保护耕地，增加农业投入，促进农业科技进步，增强农业综合生产能力，确保国家粮食安全。要加强动植物疫病防控，提高农产品质量安全水平。其次，要发挥新时代农民的主体作用。培育有文化、懂技术、会经营的新型农民，发挥亿万农民建设新农村的主体作用。千方百计地提高农民的积极性，以促进农民增收为核心，发展乡镇企业，壮大县域经济，多渠道转移农民就业。加强素质教育和职业教育，提高农业转移人口市民化的能力和水平。最后，加快完善城乡一体化的体制机制改革。通过城镇发展，深化农村综合改革，推进农村金融体制改革和创新，改革集体林权制度；坚持农村基本经营制度，稳定和完善土地承包关系；按照依法自愿有偿原则，健全土地承包经营权流转市场，有条件的地方可以发展多种形式的适度规模经营。探索集体经济有效实现形式，发展农民专业合作组织，支持农业产业化经营和龙头企业发展。

习近平同志在不同时期对“三农”问题的关注及对解决“三农”问题的探索都表明了，他充分认识到了农业、农村及农民的现实状况在现代化建设总体进程中的重要性，可以说，“没有农业现代化，没有农村繁荣富强，没有农民安居乐业，国家现代化是不完整、不全面、不牢固的”。① 正如唯物辩证法所认为的那样，只有统筹好部分与整体的关系，充分认识到部分之于整体及推动整体发展的重要作用，同时树立全局观念，统筹局部发展，从而实现整体功能大于部分功能之和的效果，才能真正实现部分与整体的有机统一以达到事半功倍的效果。在我国现代化建设的进程中，“三农”虽作为部分而存在，但同样能够在很大程度上影响整个现代化进程的推进，因此，实现城乡一体化发展，是现代化事业的必然要求，也是让改革发展红利更多更公平地惠及人民的重要保障。

① 习近平：《主动把握和积极适应经济发展新常态 推动改革开放和现代化建设迈上新台阶》，《人民日报》，2014 年 12 月 15 日第 1 版。

第四节　走有中国特色的理论创新道路

习近平同志在十九大报告中向全党全国人民郑重宣告，中国特色社会主义进入新时代，我国社会主要矛盾已经转化为人民日益增长的美好生活需要和不平衡不充分的发展之间的矛盾。对我国社会主要矛盾做出的这一新表述，是从我国社会主义的政权性质出发，将马克思主义基本原理与我国的发展实际相结合，系统总结社会主义建设的历史经验得出来的，包含着丰富的哲学意蕴。它既符合经济社会发展的内在规律，也是以人民为中心的价值理念的集中体现，展现了马克思主义中国化和科学社会主义发展的崭新境界，充分体现出习近平同志是如何依据我国的具体实际状况，以“哲学和社会科学的联盟”的方式，推进具有中国特色的理论创新工作的。关于我国社会主要矛盾发生变化的科学论述，是我们走有中国特色的理论创新道路的具体体现。

一、历史性和现实性应辩证结合

对我国社会主要矛盾做出新表述，一方面是因为伴随着经济社会的快速发展，旧有表述已经不再符合当前我国发展实际，需要做出相应调整，另一方面也是因为我们党具有善于分析社会主要矛盾、从社会主要矛盾出发着手解决发展问题的优良历史传统。在此意义上，习近平同志关于我国社会主要矛盾变化的新表述是历史性和现实性的辩证结合。

社会主要矛盾的新表述首先是由我国现阶段的客观发展现实所决定的。在党的十九大报告中，习近平同志明确指出：“中国特色社会主义进入了新时代，这是我国发展新的历史方位。”①经过长期努力，在新的历史时期，我国社会的现实状况出现了一系列重大变化，

> 我国稳定解决了十几亿人的温饱问题，总体上实现小康，不久将全面建成小康社会，人民美好生活需要日益广泛，不仅对物

---

① 习近平：《决胜全面建成小康社会　夺取新时代中国特色社会主义伟大胜利——在中国共产党第十九次全国代表大会上的报告》，人民出版社，2017 年，第 10 页。

> 质文化生活提出了更高要求，而且在民主、法治、公平、正义、安全、环境等方面的要求日益增长。同时，我国社会生产力水平总体上显著提高，社会生产能力在很多方面进入世界前列，更加突出的问题是发展不平衡不充分，这已经成为满足人民日益增长的美好生活需要的主要制约因素。①

一方面，人民的需求已不仅仅是日益增长的物质文化需要，现阶段的人民对于整个社会的发展提出了多方位的更高要求，如更民主的政治环境、更公正的法治环境、更和谐的社会环境、更美丽的生活环境等等。另一方面，我国经济社会发展已经摆脱了总体落后的状态，高铁、桥梁、通信等诸多领域甚至居于世界前列，如果还用“落后的社会生产”来概括当前的生产力发展水平，显然已与现实不符。但与此同时，我们社会发展在一定程度上出现了不平衡不充分的状况，这一状况如果不及时调整改变，既会影响经济社会发展全局，又会使人民群众对于更加美好生活的期待落空。因此，对社会主要矛盾做出新的定义正是形势所需，是对我国当前发展状况的现实反应。

然而，新的发展只能说明对关于社会主要矛盾的原先论述进行调整的必要性，却无法充分证明我们党及时地进行这一调整的正确性。若我们用历史的眼光来分析这一变化，问题似乎就迎刃而解了。事实上，分析研判社会主要矛盾，并以此为依据制定经济社会发展的方针政策，历来是我们党在社会主义革命和建设过程中始终坚持的优良历史传统，帮助我们党克服了许多发展过程中的困难，是极具实用性的宝贵的经验财富。

在马克思主义矛盾辩证法的指导下，我们党无论在革命还是建设中始终都自觉寻找出当时条件下的社会主要矛盾，积极面对和化解前进中遇到的矛盾。在领导中国人民进行新民主主义革命的过程中，以毛泽东同志为代表的中国共产党人，准确判断近代中国社会的半殖民地半封建社会的性质，指认当时中国社会主要矛盾是“帝国主义和中华民族的矛盾，封建主义和人民大众的矛盾”。同时，我们党敏锐地看到随着社会的

① 习近平:《决胜全面建成小康社会　夺取新时代中国特色社会主义伟大胜利——在中国共产党第十九次全国代表大会上的报告》,第 11 页。

不断发展，主要矛盾也在发生变化。抗日战争时期，日本帝国主义同中华民族的矛盾是主要矛盾。而到了解放战争时期，中国共产党与广大中国人民同美帝国主义支持的国民党反动派之间的矛盾成为社会主要矛盾。应当说，对当时中国社会主要矛盾的正确分析，是中国共产党制定正确路线方针、战略策略，从而带领中国人民取得革命胜利的重要基础。中华人民共和国成立前后，中国共产党清醒地认识到中国社会主要矛盾已经转变为工人阶级与资产阶级的矛盾、社会主义道路与资本主义道路的矛盾，由此出发，才确定了社会主义革命的对象、任务，并通过社会主义改造在中国建立了社会主义制度，实现了中华民族有史以来最为广泛而深刻的社会变革，为当代中国的一切发展进步奠定了根本政治前提和制度基础。三大改造完成后，中共八大明确指出：国内的主要矛盾已变成人民对于建立先进的工业国的要求同落后的农业国的现实之间的矛盾。这一提法符合当时的国情，对于社会发展有着良好的指导性作用。然而随着反右斗争的扩大，党的八届三中全会对于八大的正确论断进行了错误的批判，这对后来的社会主义建设事业产生了严重的不良影响。党的十一届六中全会正式提出：在社会主义改造基本完成以后，我国所要解决的主要矛盾，是人民日益增长的物质文化需要同落后的社会生产之间的矛盾。为我国部署党和国家改革开放新时期的总体工作提供了重要指引，为走上中国特色社会主义发展之路指明了前进方向。

回顾我们党领导中国人民进行革命和建设的历史不难发现，科学分析和清醒把握我国社会主要矛盾已成为党制定正确路线方针政策的重要前提。对于中国社会而言，能否找准社会主要矛盾，从而有针对性地解决矛盾以推动社会发展，已成为衡量社会能否健康有序发展的重要标尺。一旦对主要矛盾把握准确，我们党的革命和建设事业就能找准正确的方向，就能够不断取得重大进步；如若对主要矛盾的判断出现失误，我们党的革命和建设事业就会迷失航向，就会遭遇各种挫折和风险。但整体而言，我们党是十分善于从纷繁复杂的矛盾关系中抓住社会主要矛盾并设计出相应路线、方针和政策的，这是我们党、我们的社会主义事业能够取得历史性成就的重要原因。而党的十九大之所以能够及时地对社会主要矛盾的表述做出调整，正是因为我们党存在着这样的历史传统和历史经验，正是因为我们党始终对社会矛盾关系的演进和变化保持着高度的敏锐性和专注度。因此,关于社会主要矛盾的新表述是历史传统和发展现实辩证结合的结果。

二、理论性与实践性需有机统一

习近平同志对当前社会主要矛盾发生变化的新认识,以及对当前我国社会主要矛盾的新表述,是将马克思主义基本理论与中国特色社会主义发展实践相结合得出的科学论断,蕴含着理论性与实践性的辩证统一,是运用马克思主义基本原理应对、解决中国发展问题的又一个光辉典范。

关于社会主要矛盾的新表述蕴藏着深刻的马克思主义辩证法意蕴,是运用马克思主义基本原理指导经济社会改革发展的必然结果。马克思本人十分重视矛盾辩证法,将其作为他进行资本主义分析和批判的最核心的理论工具。列宁则将矛盾提到了更高的高度,认为辩证法就是关于矛盾的学说,矛盾是事物发展的根本动力,并自觉将矛盾辩证法运用于苏俄的社会主义革命和建设实践当中。毛泽东在继续马克思列宁主义矛盾学说的基础上,结合中国革命的具体实践,对矛盾规律做了更进一步的阐发。毛泽东认为,在复杂事物的发展过程中有许多矛盾的存在,这些矛盾在事物发展过程中所处的位置是不平衡的,主要矛盾的"存在和发展规定或影响着其他矛盾的存在和发展",①矛盾的主要方面规定和支配着矛盾的次要方面。施拉姆等西方学者认为,关于主要矛盾和矛盾的主要方面等概念应被看成毛泽东对辩证法的最大贡献。正是因为拥有马克思主义辩证法特别是其矛盾辩证法的深厚理论基础,中国共产党才能始终从主要矛盾的角度出发分析和研判社会状况,才能科学把握我国社会的主要矛盾。

关于社会主要矛盾的新表述是以习近平同志为核心的党中央自觉学习运用马克思主义矛盾辩证法的理论结果。习近平同志多次号召全党认真研读马克思主义经典,学好马克思主义哲学。他指出,面对错综复杂的国内外形势,党员领导干部要时刻保持清醒头脑,科学分析我国当前发展面临的机遇和挑战,看清前进道路上出现的主要矛盾和次要矛盾,而要做到这些,"离不开马克思主义哲学的指导,离不开辩证唯物主义和历史唯

① 《毛泽东选集》第一卷,第320页。

物主义的思想方法”。① 同时，习近平同志对于经典理论的态度绝不止于善学，更在于善用。他多次强调，党员领导干部要自觉运用辩证唯物主义和历史唯物主义的思想武器改造客观世界和主观世界，特别是要学习和掌握社会矛盾分析法以及全面与重点相结合的辩证思维方法，从而更加能动地推进各项工作。他强调：“只有把生产力和生产关系的矛盾运动同经济基础和上层建筑的矛盾运动结合起来观察，把社会基本矛盾作为一个整体来观察，才能全面把握整个社会的基本面貌和发展方向。”②因此，习近平本人对学好用好马克思主义基本原理特别是矛盾辩证法原理的高度重视，也是我们党能够及时科学地对我国社会主要矛盾做出新表述的重要原因。

如果说马克思主义的矛盾辩证法为我国做出社会主要矛盾新表述提供了理论以及方法论的可能性，那么中国特色社会主义的发展实践则为新表述的提出提供了真正的社会历史基础。不是从“本本”出发，不是从抽象的教条出发，而是从现实出发，从特定时代条件下有着具体的、历史的、现实的社会规定性的实践状况出发来认识和解决现实问题，这是历史唯物主义的一条核心原则。这一原则对于科学认识和把握我国社会主要矛盾的转化问题同样适用。

对社会主要矛盾的原有表述做出调整，是中国特色社会主义发展实践的内在要求。一方面，破解中国经济社会发展难题需要更新对我国社会主要矛盾的判断。自改革开放以来，虽然我国社会发展取得了巨大成就，已跃升为世界第二大经济体，国内长期所处的短缺经济和供给不足状况已经发生根本转变，社会生产的落后局面得到根本扭转，但是在发展过程中也同时积累了一系列新的难题，比如经济发展质量整体不高、科技创新能力相对不足、贫富差距持续拉大、社会治理水平有待提升等问题仍然相当突出。面对这样一个全新的发展局面，如果仍沿用原有的对社会主要矛盾的表述，那么就难以有效应对当前经济社会发展的难点、痛点问题。因此，要破解发展难题、厚植发展优势，就有必要根据最新的发展现

---

① 习近平：《认真学习马克思主义经典著作　不断推进中国特色社会主义事业》，《人民日报》，2011 年 5 月 14 日第 1 版。

② 习近平：《推动全党学习和掌握历史唯物主义　更好认识规律更加能动地推进工作》，《人民日报》，2013 年 12 月 5 日第 1 版。

实调整对我国社会主要矛盾的判断,从而使得发展的目标、任务和理念更加明晰,更有针对性。另一方面,中国特色社会主义的发展目标和任务要求对我国社会主要矛盾做出新表述。十八大提出,我国要在2020年全面建成小康社会,十九大明确提出,我国要分两步走以全面建成社会主义现代化强国。全面建成小康社会,要求的是经济、政治、文化、社会、生态方方面面的全面小康,而社会主义现代化强国目标,更是包括富强、民主、文明、和谐、美丽在内的全面的、高水平的现代化。如果仅仅是改变落后的生产状况,仅仅是满足人民群众日益增长的物质文化需求,那离全面建成小康社会以及建成社会主义现代化强国的目标显然相差甚远。而根据当前发展实际对我国社会主要矛盾做出调整之后,我们就进一步明确了发展应当往更加平衡、更加充分、更加服务于人民对美好生活的向往的方向推进。按照这样一种新的发展理念、思路进行中国特色社会主义发展实践,必然更加适应和匹配中国特色社会主义的近期目标和发展远景。反过来说,如果新表述指认的我国社会主要矛盾得到充分解决,那么在某种程度上说,我们的发展目标就将由愿景变为现实。

理论与实践的辩证统一是马克思主义原理的基本内核。所谓实事求是,正是这一基本内核的中国化表达。事实上,我们党的各项事业都是在理论和实践的辩证统一中前进的。在推进伟大事业的实践进程中,总会遭遇新问题,需要从理论上进行解释与指导,需要从实践上提出解决方案。对这些新问题的回应催生了理论创新和实践创新。创新了的理论指引着创新的实践,实践上的创新又为理论创新提供了源头活水。就此而言,对我国社会主要矛盾的新表述正是我们党理论创新和实践创新互动发展的最好例证。

三、规律性和价值性要内在一致

十九大关于当前我国社会主要矛盾的新表述,既蕴含着对发展的规律性的尊重,同时也饱含着始终坚持以人民为中心的价值追求,实现了规律性和价值性的内在一致和有机融合。

规律性和价值性的内在一致性是马克思主义最基本的理论特点。马克思主义的规律性一方面表现在他对人类历史发展规律即历史唯物主义的科学揭示上,“正像达尔文发现有机界的发展规律一样,马克思发现了人类历史的发展规律……直接的物质的生活资料的生产，从而一个民族或一个时代的一定的经济发展阶段，便构成基础，人们的国家设施、法的观点、艺术以至宗教观念，就是从这个基础上发展起来的，因而，也必须由这个基础来解释”①；另一方面表现在对资本主义内在矛盾规律的揭示上，“社会的财富即执行职能的资本越大，它的增长的规模和能力越大…… 最后，工人阶级中贫苦阶层和产业后备军越大，官方认为需要救济的贫民也就越多。这就是资本主义积累的绝对的、一般的规律”。② 与此同时，马克思主义具有强烈的价值性，这表现在对无产阶级命运的深切同情，对人类解放事业的执着追求上。马克思关于“资本主义必然灭亡、共产主义必然胜利”的论断就是规律性和价值性相统一的最好例证。如果说这一精神气质在马克思那里集中表现在对资本主义的批判中，那么中国共产党人则将这一精神气质贯彻在了革命和建设事业当中。十九大关于我国社会主要矛盾的新表述正是对马克思主义这一真精神的当代继承和发展。

关于我国社会主要矛盾的新表述符合经济社会发展的客观规律。一方面，平衡发展是健康、可持续发展的必然规定性。纵观人类社会发展史，我们可以发现一个显见的道理，那就是一旦一个社会发展的不平衡性、不协调性达到一定程度，那么这个社会不但会失去发展动能，陷入不稳定状态，甚至有彻底覆灭的危险。回看中华民族历史上的治乱兴衰历程，抛开外族入侵因素，一个朝代由治到乱最重要原因之一就是土地兼并，其引起的豪强并起以及贫者无立锥之地的后果足以造成巨大内乱，最终使该朝代走向衰亡。而当代人类社会在西方新自由主义的主导下，同样面临严重的区域、阶层发展不平衡的情况。有学者指出，2010 年以来，“最富的 0.1％人群大约拥有全球财富总额的 20％，最富的 1％拥有约 50％，而最富的 10％则拥有总额的 80％～90％”。③ 伴随着英国脱欧、特朗普发动贸易战等一系列事件的发生，以英、美为代表的资本主义发展模式也日益失去发展能量，陷入困局。另一方面，充分性也是中国这种体量

① 《马克思恩格斯选集》第三卷，第 776 页。

② 《马克思恩格斯全集》第四十四卷，第 742 页。

③ 皮凯蒂：《21 世纪资本论》，巴曙松、陈剑、余江等译，中信出版社，2014 年，第 451 页。

的国家实现现代化强国发展目标的必然追求。作为最大的发展中国家，中国既有必要，也有条件实现高质量的充分发展。经过长时期的现代化建设之后，我国在科技基础、产业环境、劳动力素质等方面积累了一定的发展条件，应当说拥有了实现充分发展的前期基础；与此同时，西方对日益发展起来的中国实行疯狂打压，比如美国近期对中国发动的贸易战在很大程度上便是针对中国“2025计划”的，而近来出现的各类针对中国企业的制裁事件更是说明在关键技术上绝不能受制于人。如果说，过去为了摆脱贫困、尽快实现发展，我们让一部分人、一部分地区、一部分行业先发展起来情有可原，或者说是完全有必要的，那么在改革开放40年之后的今天，在中国特色社会主义已经步入新时代的今天，我们的发展只能是更加平衡和更加充分的发展。

关于我国社会主要矛盾的新表述具有鲜明的价值立场和价值属性。“为中国人民谋幸福”和“为中华民族谋复兴”一起构成了中国共产党的初心和使命。“坚持以人民为中心”和“坚持党对一切工作的领导”一起构成了习近平新时代中国特色社会主义思想最核心的原则，贯穿在这一思想体系的方方面面。“坚持以人民为中心”的发展思想主张“发展为了人民，发展依靠人民，发展成果由人民共享”，这构成了新发展理念的首要原则和精神内核，是区别于自由主义等其他一切发展观念的本质要素。关于我国社会主要矛盾的新表述旗帜鲜明地指明，新时代发展的根本方向就是更好地满足人民日益增长的美好生活需要。随着中国特色社会主义进入新时代，人民的需要发生了变化，由提高物质文化供给转向了对美好生活的向往。人民群众需求的变化，必将对我国发展全局产生重大影响。

就我国社会主要矛盾的新表述而言，其蕴含的价值性和规律性是相辅相成、不可分割的，我们需要协调好两者的关系。如果一味强调发展，则可能会使发展沦为一种发展主义的意识形态，甚至脱离社会主义的发展道路；如果不尊重发展的规律性，脱离实际条件盲目提升人民群众生活水平，则可能使得发展后劲丧失，使得人民生活水平的提高和改善成为无源之水、无本之木。事实上，如果处理得当，这两者之间恰恰是相得益彰的。一方面，精准把握人民对美好生活的需求，有利于政府找准发展的着力点，有利于企业找准市场的突破点，增加政府工作效能和企业经营效益。另一方面，推动发展更加平衡、协调，能够在改善相对落后地区人民群众生活质量的同时，更好满足人民群众对于公平正义的期待，而推动发展更加充分、更高质量，也有助于使发展结果更好地适应人民群众对美好生活的需求和向往。由此可见，关于我国社会主要矛盾的新表述，既蕴藏着深刻的规律性，也蕴含着深厚的价值性，是规律性和价值性的有机统一，必将对今后相当长一段时期的经济社会发展提供科学、正确的指引。

2019 年 3 月，习近平同志在看望参加政协会议的文艺界社科界委员时，特别强调了理论创新工作要与时代同步伐，要以人民为中心，我们的理论不仅要记录、书写、讴歌新时代，更重要的在于，要能够回答时代问题，发现创作主题，反映时代巨变。关于我国社会主要矛盾发生转变的这一理论创新，无疑是以“哲学和社会科学的联盟”的理论创新方式对于新时代的中国实践所做出的科学回应。

参考文献

一、中文文献

[1] 阿伦特. 极权主义的起源[M]. 林骧华,译. 北京:生活·读书·新知三联书店,2014.

[2] 贝尔. 资本主义文化矛盾[M]. 赵一凡,蒲隆,任晓晋,译. 北京:生活·读书·新知三联书店,1989.

[3] 陈云文选:第三卷[M]. 北京:人民出版社,1995.

[4] 邓小平文选:第二卷[M]. 北京:人民出版社,1994.

[5] 黑格尔. 法哲学原理[M]. 范扬,张企泰,译. 北京;商务印书馆,1981.

[6] 黑格尔. 逻辑学:下卷[M]. 杨一之,译. 北京;商务印书馆,1982.

[7] 黑格尔. 哲学史讲演录:第一卷[M]. 贺麟,译. 北京;商务印书馆,1959.

[8] 霍克海默,阿道尔诺. 启蒙辩证法:哲学断片[M]. 渠敬东,曹卫东,译. 上海:上海人民出版社,2006.

[9] 霍克海默. 批判理论[M]. 李小兵,等,译. 重庆:重庆出版社,1989.

[10] 吉登斯. 超越左与右:激进政治的未来[M]. 李惠斌,杨雪冬,译. 北京:社会科学文献出版社,2000.

[11] 吉登斯. 历史唯物主义的当代批判[M]. 郭忠华,译. 上海:上海译文出版社,2010.

[12] 吉登斯. 社会的构成[M]. 李猛,译. 北京:生活·读书·新知三联书店,1998.

[13] 柯尔施. 马克思主义和哲学[M]. 王南湜,荣新海,译. 重庆:重庆出版社,1989.

[14] 里夫金. 欧洲梦:21 世纪人类发展的新梦想[M]. 杨治宜,译. 重庆:重庆出版社,2006.

[15] 列文. 马克思恩格斯著作的发表和出版[M]. 周维,译. 北京:生活·读书·新知三联书店,1976.

[16] 卢卡奇. 历史与阶级意识[M]. 杜章智,任立,燕宏远,译. 北京;商务印书馆,1992.

[17] 马克思. 资本论:第三卷[M]. 北京:人民出版社,1975.

[18] 马克思恩格斯全集:第四卷[M]. 北京:人民出版社,1958.

[19] 马克思恩格斯全集:第四十四卷[M]. 北京:人民出版社,2001.

[20] 马克思恩格斯全集:第五十七卷:下[M],北京:人民出版社,1986.

[21] 马克思恩格斯全集:第一卷[M].北京:人民出版社,1995.

[22] 马克思恩格斯文集:第一卷[M].北京:人民出版社,2009.

[23] 马克思恩格斯选集:第一~四卷[M].北京:人民出版社,1995.

[24] 麦克卢汉.机器新娘[M].何道宽,译.北京:中国人民大学出版社,2004.

[25] 麦克卢汉.理解媒介:论人的延伸[M].何道宽,译.北京;商务印书馆,2000.

[26] 毛泽东选集:第一卷[M].北京:人民出版社,1991.

[27] 皮凯蒂.21世纪资本论[M].巴曙松,陈剑,余江,等,译.北京:中信出版社,2014.

[28] 魏格豪斯.法兰克福学派:历史、理论及政治影响[M].孟登迎,赵文,刘凯,译.上海:上海人民出版社,2010.

[29] 习近平.摆脱贫困[M].福州:福建人民出版社,1992.

[30] 习近平.对发展社会主义市场经济的再认识[J].东南学术,2001(4).

[31] 习近平.决胜全面建成小康社会　夺取新时代中国特色社会主义伟大胜利:在中国共产党第十九次全国代表大会上的报告[M].北京:人民出版社,2017.

[32] 习近平.跨世纪领导干部的历史重任及其必备素质[J].理论学习月刊,1990(11).

[33] 习近平.略论《关于费尔巴哈的提纲》的时代意义[J].中共福建省委党校学报,2001(9).

[34] 习近平.论《〈政治经济学批判〉序言》的时代意义[J].福建论坛,1997(1).

[35] 习近平.社会主义市场经济和马克思主义经济学的发展与完善[J].经济学动态,1998(7).

[36] 习近平谈治国理政[M].北京:外文出版社,2014.

[37] 习近平.在纪念马克思诞辰200周年大会上的讲话[M].北京:人民出版社,2018.

[38] 习近平.在全国党校工作会议上的讲话[M].北京:人民出版社,2016.

[39] 习近平.在哲学社会科学工作座谈会上的讲话[M].北京:人民出版社,2016.

[40] 习近平.正确处理闽东经济发展的六个关系[J].福建论坛,1989(5).

[41] 习近平.之江新语[M].杭州:浙江人民出版社,2007.

[42] 习近平.总结经验,再接再厉,开创农村扶贫开发和小康建设新局面[J].中国农村小康科技,1998(10).

[43] 雅格比.乌托邦之死:冷漠时代的政治与文化[M].姚建斌,译.北京:新星出版社,2007.

[44] 杨筱怀.习近平:我是如何跨入政界的[J].领导文萃,2000(11).

[45] 张一兵. 当代国外马克思主义哲学思潮：中卷[M]. 南京：江苏人民出版社，1998.

[46] 张一兵. 回到马克思：经济学语境中的哲学话语[M]. 南京：江苏人民出版社，1999.

[47] 中共中央党史和文献研究院. 十八大以来重要文献选编：上[G]. 北京：中共文献出版社，2018.

二、外文文献

[1] Abromeit J. Max Horkheimer and the Foundations of the Frankfurt School[M]. New York: Cambridge University Press, 2011.

[2] Adorno T W. Cultural Criticism and Society[M]//Adorno T W. Prisms: Culture Criticism and Society. Cambridge, MA.: The MIT Press, 1981.

[3] Bell D. The Cultural Contradictions of Capitalism[M]. New York: Basic Books, 1978.

[4] Chen K H. Trajectories: Inter-Asia Cultural Studies[M]. London: Routledge, 1998.

[5] Derrida J. Specters of Marx: The State of the Debt, the Work of Mourning, and the New International[M]. New York: Routledge, 1994.

[6] Dobb M. The Economic Basis of Class Conflict[M]//Dobb M. On Economic Theory and Socialism. London: Routledge and Kegan Paul, 1960.

[7] Foucault M. Remarks on Marx: Conversations with Duccio Trombadori[M]. New York: Semiotext(e), 1991.

[8] Habermas J. Postmetaphysical Thinking[M]. Cambridge: The MIT Press, 1992.

[9] Habermas J. Remarks on the Development of Horkheimer's Work[M]//Benhabib S, Bonss W, McCole J. On Max Horkheimer: New Perspectives. Cambridge, MA.: The MIT Press, 1993.

[10] Hall S. Representation: Cultural Representations and Signifying Practices[M]. London: Sage, 1997.

[11] Hogart R. The Uses of Literacy: Aspects of Working Class Life with Special Reference to Publications and Entertainments[M]. London: Chatto and Windus, 1967.

[12] Horkheimer M. Between Philosophy and Social Science: Selected Early Writings[M]. Cambridge, MA.: The MIT Press, 1993.

[13] Horkheimer M. Critical Theory: Selected Essays[M]. New York: The Continuum Publishing Company, 2002.

[14] Horkheimer M. Die Juden und Europa[J]. Zeitschrift für Sozial forschung, 1939 (8).

[15] Horkheimer M. Gesammelte Schriften Band 2 [M]. Frankfurt am Main: Fischer, 1987.

[16] Horkheimer M. Gesammelte Schriften Band 17: Briefwechsel 1941—1948[M]. Frankfurt am Main: Fischer, 1996.

[17] Jacoby R. The Last Intellectuals: American Culture in the Age of Academe [M]. New York: Basic Books, 1988.

[18] Jay M. Dialectical Imagination: A History of the Frankfurt School and the Institute of Social Research, 1923—1950 [M]. Berkeley: University of California Press, 1996.

[19] Kaye H J. The British Marxist Historians: An Introductory Analysis [M]. Cambridge: Polity, 1984.

[20] Morley D, Chen K H. Stuart Hall: Critical Dialogues in Cultural Studies[M]. London: Routledge, 1996.

[21] Neumann F. Behemoth: The Structure and Practice of National Socialism, 1933—1944[M]. Chicago: Ivan R. Dee, 2009.

[22] Pollock F. State Capitalism: Its Possibilities and Limitations[M]//Arato A, Gebhardt E. The Essential Frankfurt School Reader. New York: Urizen Books, 1978.

[23] Wiggershaus R. The Frankfurt School: Its History, Theories, and Political Significance[M]. Cambridge, MA.: The MIT Press, 1995.